ROSS ANTONY

GUTE LAUNE
glänzt und glitzert

ROSS ANTONY

GUTE LAUNE
glänzt und glitzert

Wie man das Leben
ernst und trotzdem
leichtnehmen kann

Der wichtigsten Frau in meinem Leben: meiner Mutter,
Vivien Judith Catterall!

Dir verdanke ich, dass ich dieses Buch schreiben konnte.
Deine ewige Liebe, Geduld, Stärke,
deine einzigartige Führung haben mir
den Weg im Leben geebnet ...
Ich hoffe, du bist stolz auf das,
was ich heute bin ...
Danke, dass du stets für mich da bist,
durch dick und dünn.
In Liebe, dein Sohn Ross

INHALT

Vorwort 9

Ich bin, wie ich bin 11

Selbstfürsorge für Strahlemänner 17
Glücklich durch Geben 18
An- und innehalten 19
Lebenselixier Natur 21
Kraft ziehen aus Erfahrungen 23
Ziele haben für den Tag 25
Altes loslassen 25
Die kleinen Dinge im Leben 28
Das Positive sehen 30
Der Blick aufs Ich 34
Lebenslanges Lernen 35
Gesund sein – was ein Glück! 39
Dankbarkeit, das stille Geschenk 41

Die Freude an Flora und Fauna 44
Mein Herz für Tiere 48
Abschied von Inca 50
Von den Tieren lernen 53
Tieren eine Stimme geben 56

Patient Erde: Jeder Einzelne zählt 59
Im Kleinen Großes tun 61
Poor Plastic Planet 61
Unnützes Leid der „Nutztiere" 62
Achtsam in Haus und Garten 64
Verkehrte Verkehrswelt 67

Papas Tod: meine schlimmste Talfahrt ... 68
Ich liebe dich, weil du mein Sohn bist ... 70
Und plötzlich musste ich stark sein ... 71
Mein großer Zusammenbruch ... 72
Wenn ich nicht mehr da bin 74
Papa hat das letzte Lachen ... 76
Roter Admiral – die Seele ist unterwegs ... 77

Familie: meine stärksten Wurzeln ... 80
Kinder, Kinder 84

Freunde, Fans und falsche Fuffziger ... 88
Auf der Flucht ... 89
Helfen, wo immer es geht ... 92
Lindsay ist tot ... 95
Schwierige Leute ... 98
Geht's noch? ... 102

Thema Sex – nur weil's sein muss ... 104
Küssen und kuscheln mit Mädchen ... 108
Meine erste große Liebe ... 109
Schaut mal, ich bin schwul! ... 110
Steinigung und Todesstrafe ... 112
Verständnis für die Oldies ... 113
CSD – Vielfalt und Toleranz ... 114
Seitensprünge mit Dankbarkeit ... 117
In den Fängen eines Narzissten ... 119
Nix anderes als Anderssein ... 123
Der sexuelle Missbrauch ... 125
Missbrauch meistern ... 127

Meine Berufung, die Bühne — 129
Job: mehr Frust als Lust? — 130
Der harte Weg nach oben — 132
Schlagerfans sind nicht zu bremsen — 137

Ich bin ein Star – Holt mich hier raus! — 139
Auf in den Dschungel — 142
70 Gramm Reis und Bohnen — 144
Lebendige Lebensmittel — 146
Was im Leben wirklich zählt — 149
Jede Menge Jobs und Dankbarkeit — 151

Paul – mein Sechser im Lotto — 153
Paul krümelt – ich putze … — 156
Wer ist vergesslicher? — 157
Einander ergänzen, gemeinsam entscheiden — 160
Aufeinander achtgeben – selbst im Schlaf — 162
Danke, Paul! — 167

Corona und die innere Einkehr — 169
Die Welt wird still — 170
Mehr Miteinander, weniger Konsum — 171
Struktur im Tag — 175
Auftanken in Garten, Feld und Wald — 177
Mein Fokus auf das Gute — 179
Aufräumen und ausmisten — 181
Kritisch sein und sachlich bleiben — 183
Unsere Zeitkapsel — 184
Blick in die Zukunft — 185

30 Fragen an Ross — 198

HALLO MEINE LIEBEN, MEINE SCHNUCKIS,

gut gelaunt durchs Leben tanzen – wenn das immer so einfach wäre! Natürlich ist es das nicht. Und doch, manchmal ist es vielleicht einfacher, als man zunächst glaubt. Mit der richtigen Strategie, der richtigen Perspektive und natürlich auch mit den richtigen Menschen an der Seite.

Ich habe mir immer wieder sagen lassen, meine Fröhlichkeit sei ansteckend – auch wenn ich bisweilen mit meinen Späßen und meinem sprudelnden Temperament übers Ziel hinausschieße. Zumindest verdreht mein Mann Paul schon mal die Augen. Doch so bin ich eben. Und eigentlich ist das gar nicht schlecht. Denn fröhlich und gut gelaunt durchs Leben zu gehen, kann so verkehrt nicht sein.

Da ich ein Mensch bin, der gerne Glück teilt, habe ich mir in den letzten Jahren schon öfter überlegt, ein weiteres Buch zu schreiben. Ein Buch, das euch ganz nah an meine Seite bringt, Einblick in meine wichtigsten Lebenserfahrungen, meinen Alltag, meine Überzeugungen, meine Gefühle gibt und euch schließlich meine ganz persönlichen Strategien aufzeigt, um dem Leben stets mit einem Lächeln zu begegnen. Vor allem dann, wenn uns eigentlich nicht richtig zum Lachen zumute ist. Denn angesichts der sichtbaren Zunahme von Ängsten und Sorgen, Stress und Überforderungen und belastenden Situationen bei so vielen Menschen würde ich am liebsten jeden Einzelnen, der sich selbst für glücklich hält, auffordern, etwas vom eigenen Glück in die Welt zu tragen, damit es auch anderen helfen kann.

In meinem Buch werdet ihr erfahren, dass in meinem Leben ebenfalls nicht immer die Sonne scheint und rosarote Wolken schweben. Auch ich kenne einige Talfahrten und habe belastende Erfahrungen gemacht: der sexuelle Missbrauch in meiner Kindheit, der nicht immer einfache Weg während meines Heranreifens vom Kind zum Mann, meine Orientierung zum gleichen Geschlecht, der Verlust meines geliebten Papas und einer Herzensfreundin oder auch die ganz kleinen Alltagssorgen und Ärgernisse, die jeder kennt.

Lernen, durchs Leben zu tanzen – mir ist dies gelungen, und ich bin fest überzeugt davon, dass auch andere Menschen die Erfolgschoreografie zu ihrem ganz individuellen Lebenstanz erlernen können. Damit habt ihr das Rüstzeug, um eure persönlichen Herausforderungen zu meistern und der Welt dabei sogar noch ein Lächeln zu schenken. Meine Strategien zu mehr Glück sollen in diesem Sinne Impulse für eure eigenen Strategien sein. Ich sage bewusst „Impulse", denn ich bin kein Besserwisser, Alleskönner, Heilsversprecher. Ich bin einfach nur ein Menschenfreund und Lächelnschenker und möchte in diesem Sinne Anregungen und Ideen geben, die euch vielleicht guttun und in Schwung bringen können, damit auch ihr in dunklen Stunden schnell wieder Farbe ins Leben bringt.

Dein Leben ist so bunt, wie du dich traust, es auszumalen – diesen Spruch verwende ich häufig, und er ist auch mein Motto. Meine Lieben, wenn ihr es nicht längst tut, so fangt an, Farbe in euer Dasein zu bringen. Und vielleicht ist ja dieses Buch euer erster Impuls auf dem Weg in ein bunteres und glücklicheres Leben!

Euer Rossi

KAPITEL 1

ICH BIN, WIE ICH BIN

Frühling 2020. Ich stehe auf, ziehe die Vorhänge zur Seite und schaue in meinen Garten, den die Morgensonne in ein märchenhaftes Licht taucht. Ich empfinde wieder diese tiefe Dankbarkeit in meinem Herzen. Dankbarkeit dafür, dass ich aufgewacht bin und mit meinen beiden Augen meine Arme und meine Beine sehe – also muss ich die Nacht wohl überlebt haben. Es gibt mich noch. Dankbarkeit dafür, dass mich so ein sonniger Tag erwartet, dass ich meinen wunderschönen Garten habe, meine Familie, meine Tiere, ein Dach überm Kopf und so viele andere Dinge. Auch für meine Dankbarkeit selbst bin ich dankbar. Sie ist eine der wichtigen Ziffern des Zahlencodes, der das Schloss öffnet zu etwas, nach dem alle Menschen ihr Leben lang streben: Glück.

Im Frühling 2020 ist das, was ich da gerade über die Dankbarkeit schreibe, von ganz besonderer Bedeutung. Denn dieser ist anders als alle Frühlinge, die Menschen weltweit und ich bisher im Leben durchwandert haben. In diesem Jahr teilen wir ihn mit dem angriffs- und reiselustigen Coronavirus. Bei manchen Zeitgenossen legt das Virus einen kurzen Zwischenstopp ein, um unbemerkt seine Botschaft dazulassen. Bei anderen bleibt es eine Weile und hinterlässt manchmal auch Narben. Und bei wieder anderen wartet es auf, um sie auf ihre letzte Reise im Hemd ohne Taschen zu schicken ...

So startete das neue Jahrzehnt für viele Menschen ganz plötzlich mit Unsicherheit, Angst, Traurigkeit oder schwindender Hoffnung bis hin zu apokalyptischen Ahnungen, Verschwörungstheorien und Aggressionen. Frohsinn und Heiterkeit wurden auf einmal überschattet von Existenzangst und dem Gefühl eines drohenden Mangels – allem voran und kaum zu glauben: des Klopapiermangels.

Bei einem Besuch des örtlichen Supermarktes wurde ich in dieser Zeit Zeuge bizarrster Szenen, denn so schnell wie die Mitarbeiter des Marktes eine neue, unerwartet eingetroffene Ladung des so kostbaren Papiers zur Reinigung des Allerwertesten ins Warenregal geräumt hatten, so schnell war es auch wieder weg. Zu meinem Erstaunen waren es vor allem die älteren Menschen, die mit festem Willen noch mal all ihre Kräfte bündelten. Sie stürzten sich regelrecht auf das Regal, um kurz darauf mit anderen Kämpfernaturen an der gleichzeitig ergatterten Ware zu ziehen und zu zerren, bis einer von beiden triumphierend die Beute fest an sich gekrallt zur Kasse trug. Was ist nur los mit den Menschen?, fragte ich mich. Wir leben in einem so großen Wohlstand, von allem ist und bleibt genug für alle da. Klopapier sowieso. Und ist manches Virus auch zuweilen ein kräftiger Krieger, so herrschte dennoch kein Krieg, wie manche Staatsoberhäupter in den ersten Wochen der Corona-Pandemie schon pathetisch und alarmierend verkündet hatten. Höchstens der Supermarkt-Klopapier-Krieg der sich duellierenden hamsternden Kunden. Wenn man statistischen Aussagen Glauben schenken kann, gehörte im Hamsterwettbewerb des weißen Goldes Deutschland jedoch nicht einmal zu den Haltern der oberen Ränge. Es mag viel anmuten, wenn man im Statista Consumer Market Outlook vom April 2020 liest, dass die Deutschen im Vergleich zum Frühling des Vorjahres ihren Klopapierumsatz um 35 Prozent gesteigert hatten. Als wahren Profi im Hamstern jenes Papiers hatte Statista jedoch Italien ausgemacht, dessen Bürger ihren Klopapierverkäufern eine Umsatzsteigerung von 140 Prozent (!) bescherten. Haben die Italiener jetzt alle Klopapierlagerhallenanbauten an ihren Wohnhäusern? Irgendwo muss das ganze Zeug ja hin …

Ja, in diesem Jahr war plötzlich alles ganz anders, ein Virus bestimmte auf einmal das Leben der Menschen auf der ganzen Welt, und nicht alles ist in so einer Situation schön, keine Frage. Doch anstatt sich zu grämen, zu ärgern und zu fürchten, was uns wohl in der Zukunft noch alles genommen werden kann, hilft uns doch viel mehr, dankbar für das zu sein, was wir haben, und positiv neu zu gestalten, was wir gestalten können. Und das ist unglaublich viel. Mit diesem Buch möchte ich versuchen, meinen Mitmenschen die Herzen zu öffnen, damit auch sie den Zugang zu Dankbarkeit, Freude und Glück wiederfinden und vielleicht auch wie ich etwas leichter durchs Leben tanzen.

Oft werde ich nämlich gefragt: „Ross, du bist immer so gut drauf! Hast du denn wirklich immer gute Laune?"

Die Antwort ist: Nee! Natürlich nicht. Ich bin auch nur ein Mensch und weiß, wie es ist, niedergeschlagen zu sein. Auch ich kenne diese Tage, an denen man sprichwörtlich mit dem falschen Bein aufsteht und sich denkt,

HABT
ECKEN
UND
KANTEN!
SEID
IHR
SELBST!

man wäre besser im Bett geblieben. Diese Schattenseiten habe ich also genauso wie jeder andere. Wenn mich etwas beschwert oder meine Stimmung nicht so richtig auf der Höhe ist, dann möchte ich jedoch nicht die ganze Welt damit belasten. Lieber verarbeite ich es für mich allein sorgfältig, intensiv und vor allem auch sofort. Und das bekomme ich in der Tat sehr gut hin. Ich denke wirklich, das Leben ist viel zu kurz und zu schön, um sich mit Stimmungstiefs allzu lange zu beschäftigen. Und gesetzt den Fall, man ist nicht ernsthaft körperlich oder psychisch erkrankt oder von einem anderen schweren Schicksal getroffen, bin ich aufgrund meiner positiven Sicht auf die Dinge der Meinung: Es gibt immer einen Weg aus einem Tief. Immer. Manchmal ist ein solcher Weg turbulent und fordert deinen ganzen Einsatz und manchmal muss man sogar wieder ganz bei null anfangen und braucht noch mehr Mut. Dennoch, es gibt immer einen Weg.

Ich finde es nicht einfach, den Leuten die Frage zu beantworten, warum ich immer positiv bin. Wenn ich es wüsste, dann hätte ich längst etwas unternommen, um allen Menschen mein Geheimrezept zu verraten und sie glücklich zu machen. Vielleicht ist es ein Stück weit einfach meine Art, und sicher gehört auch das Urvertrauen dazu, das mir meine Eltern in der Kindheit mitgegeben haben. Aus alledem ist jedenfalls eine Art Mission gewachsen, deren Kern es ist, anderen Menschen Freude zu bereiten. Das ist wirklich so. Und mal ehrlich: Welchen Nutzen hat es denn für diese Mission, wenn ich meinen Fans ein Laus-über-die-Leber-gelaufen-Gesicht präsentiere? Das gehört ganz einfach nicht dazu. Wenn mein Publikum und meine Fans mich in einer Show sehen, möchte ich, dass sie eine schöne Erinnerung und ein gutes, frohes Gefühl mit nach Hause nehmen. Dass mir dies gelingt, spiegeln viele Kommentare auf meinen Seiten in den sozialen Medien wider. Da lese ich beispielsweise Dinge wie: „Ich liebe es, Ross in Shows zu sehen, weil ich einfach weiß: Es wird superlustig." Oder: „Wir haben den totalen Spaß für ein paar Stunden. Und es wird eine tolle Show, die richtig Laune macht." Dies sind nicht nur die schönsten Komplimente, die ich bekommen kann. Es ist für mich auch ein persönlicher Erfolg, wenn ich andere Menschen mit meinem eigenen positiven Spirit infizieren kann.

Natürlich gibt es immer wieder Leute, für die es beinahe ein Hobby ist, schlechte Stimmung und böse Kommentare zu hinterlassen. So etwas betrachte ich mit Gelassenheit. Wenn diese Leute mich ärgern wollen, bin ich umso relaxter. Doch manchmal haben Menschen mit Kritik ja auch recht. Dann sage ich, okay, da habe ich mich nicht optimal verhalten. Das Schöne ist: Man kann aus jeder Rückmeldung viel lernen. Viele Leute, auch Prominente, sind häufig sofort verletzt, wenn jemand etwas an ihnen kritisiert. Mich zerstört so was nicht. Es macht mich eher stärker als Person. Fair sollte es allerdings dabei zugehen. Was ich nicht mag, sind aggressive oder unsachliche Kommentare, die sich im Ton vergreifen. Dann frage ich mich, warum sich jemand die Zeit nimmt, mir auf meinen Seiten zu folgen und Schüsse unter die Gürtellinie abzugeben ... Was für ein Leben führen solche Menschen? Haben die nichts anderes zu tun in ihrem Leben? Sehr schade. Mich muss nicht jeder mögen. Ich mag ja auch nicht jeden. Doch ich beschäftige mich nicht mit Leuten, die ich nicht mag.

Und ich versuche schon gar nicht, einem perfekten Bild zu entsprechen, das andere sich möglicherweise von mir wünschen. Ich bin okay so, wie ich bin. Und das ist eine wichtige Erkenntnis und die Grundlage für Zufriedenheit: Wir leben in keiner perfekten Welt. Wer sich ständig im Optimierungsmodus befindet, wird am Ende nicht bestehen. Die Leute, die immer perfekt sein wollen, enden in Unzufriedenheit. Und man muss sich auch nicht andauernd mit anderen vergleichen. Das führt zu Missmut und Neid. Besser ist es doch, anderen etwas zu gönnen und sich selbst unabhängig von Vergleichen mit anderen Menschen anzunehmen. Und ja, man darf Ecken und Kanten haben. Man darf nicht nur, man sollte! Wie langweilig wäre es doch, nur gelobt zu werden, nur perfekt zu sein! Dann wäre auch ich selbst ein ganz langweiliger Mensch. Dann könnte ich sogar verstehen, wenn die Leute mich nicht mögen. Daher ermuntere ich euch: Habt Ecken und Kanten! Seid ihr selbst!

KAPITEL 2

SELBST-FÜRSORGE FÜR STRAHLE-MÄNNER

Mich anzunehmen und zu sagen: *Ich bin, wie ich bin*, ist eine Sache. Dies mit einem Strahlen zu tun, die zweite Sache. Und es gibt schließlich noch eine Vielzahl an Dingen, die man für sich selbst tun kann, damit man von ganzem Herzen und aus Überzeugung nach außen strahlt: Ich bin, wie ich bin. Und ich bin gut so. Es geht hier um die sogenannte Selbstfürsorge, um rundum mit sich im Einklang zu sein und der eigenen guten Laune erfolgreich die Tür offen zu halten.

Nachfolgend habe ich für euch meine Favoriten herausgepickt – meine persönlichen Selbstfürsorge-Highlights. Rossi-Wellness-Tipps sozusagen. Ganz besonders liegt mir dabei gleich zu Beginn der Hinweis am Herzen, dass es sich um Dinge handelt, die zunächst einmal ganz persönlich für mich gelten. Vieles taugt vermutlich für alle Menschen, doch ebenso gibt es sicherlich noch weitere Selbstfürsorge-Tipps, die ihr längst im Alltag anwendet, ohne dass ich sie hier genannt habe. Das ist ganz normal, denn die Palette an Möglichkeiten ist groß, und ihr sorgt vielleicht anders für euch, als ich es mache.

Insofern verfolgt eure eigenen Rituale weiter und lasst euch von mir einfach nur inspirieren und mit Ideen bereichern, die ich nun mit euch teile.

GLÜCKLICH DURCH GEBEN

Sich um andere zu kümmern, ist wunderschön und macht nachweislich glücklich. Und so bin ich einfach – ich mache mir tatsächlich echte Gedanken über das Wohlbefinden all meiner Lieben um mich herum: meine Familie, meine Freunde, meine Fans – ich wünsche mir immer von Herzen, dass es allen gut geht. Vor gar nicht allzu langer Zeit las ich zum Thema Glück in einem kleinen Online-Bericht der WirtschaftsWoche, dass sich ein internationales Forscherteam mit diesem menschlichen Glücksgefühl beschäftigt hatte. In einem Versuch konnte dabei anhand von Hirnaktivitätsmessungen nachgewiesen werden, dass Großzügigkeit glücklich macht. In diesem Experiment, das in Zürich durchgeführt worden war, musste eine Gruppe Probanden, die 25 Schweizer Franken geschenkt bekam, dieses Geld für andere Menschen ausgeben, wohingegen eine Kontrollgruppe das Geld für sich selbst verwenden sollte. Tatsächlich stellte sich heraus, dass die „gebende Gruppe" die glücklichere war. Es geht hier natürlich nicht um das Geben von Geld, sondern das Geben allgemein. Einem anderen etwas zu schenken – sei es Zeit, Hilfe, Geld oder was auch immer –, mehrt das eigene Glück.

Natürlich darf man sich dabei nicht selbst vernachlässigen. Gute Selbstfürsorge ist wichtig. Nur wer achtsam mit sich umgeht und Körper und Seele gesund hält, kann wirklich für andere da sein und etwas zurückgeben. Heute weiß ich das. Ich wusste es nicht immer.

Damals, als ich am Anfang meiner Bro'Sis-Karriere stand, ging in meinem Alltag als Popstar alles im Schnelldurchlauf. Wir waren jeden Tag in einer anderen Stadt, manchmal hatten wir drei Jobs an einem Tag. Ich konnte das logischerweise nicht wirklich genießen. Heute nehme ich mir ganz bewusst Zeit für mich. Ich schaffe mir meine kleinen Inseln nur für mich selbst. Das ist mir inzwischen sehr wichtig. Es ist nicht einfach und auch nicht selbstverständlich, denn – auch wenn es nach außen nicht so sichtbar wird und der Eindruck entsteht, es sei nur ein Spaßgeschehen – in meinem Job im Entertainment muss man wirklich hart arbeiten und sich gezielt und diszipliniert Zeit für den Erhalt der eigenen Kräfte nehmen. Als ich jung war, war dies noch nicht so in meinem Bewusstsein verankert wie heute.

AN- UND INNEHALTEN

Dieses Bewusstsein, dass Anhalten wichtig ist, gewann ich erst, als ich älter wurde. Wir Menschen lernen durch all unsere Erfahrungen, und natürlich war dies bei mir genauso wie bei allen anderen. Das gehört einfach zum Lauf der Dinge.

Wenn man jung ist, bestimmen noch andere Prioritäten den Alltag. Man will so viel erleben wie nur möglich, nichts verpassen und sprintet förmlich durch den Tag. Ich denke, das ist nicht nur normal, sondern auch richtig. Ohne diese Erfahrungen könnte ich doch gar nicht beurteilen, dass ich es heute mit Sicherheit besser mache. Oder sagen wir mal so, ich mache es nicht besser, sondern anders. Zur damaligen Zeit passte die frühere Lebensweise ja vielleicht ganz gut. Und sie war elementar für meine Veränderung in späteren Jahren, weil ich erst durch diese wirklich gelebte Schnelligkeit in meiner Jugend die Sehnsucht nach bewusster Entschleunigung entwickelte.

Wenn ich heute eine Show im Kalender habe, reise ich einen Tag vorher an. So kann ich den Vorabend entspannt genießen, etwas Schönes essen und trinken, manchmal auch mit Paul zusammen. Gemeinsam mit meinem Management bespreche ich im Vorfeld ganz in Ruhe die anstehenden Aufgaben und bin am darauffolgenden Morgen ausgeruht und ausgeglichen für den Auftritt und die Interviews. Die Heimreise plane ich genauso gelassen. Wenn es nicht zu spät ist, fahre ich nach Hause; ansonsten bleibe ich noch eine Nacht und trete die Rückfahrt erst am nächsten Morgen ohne Stress und Hektik an. Es ist nicht mehr wie früher, wo ich am Tag der Show reingerauscht, den Job gemacht und wieder fortgeeilt bin.

Ich möchte das Leben bewusster genießen. Jede Minute. Das ist mir wichtiger, als einen Haufen Jobs in den Tag zu quetschen. Im Grunde täte dieses bewusste Leben auch jungen Menschen gut. Doch es ist wohl so, dass Teenies in den ersten Jahren zunächst einmal andere Erfahrungen brauchen, damit sie hinterher ebenfalls das Geschenk des wacheren Bewusstseins bekommen. Alles braucht eben seine Zeit.

Als uns im vergangenen Frühling unerwartet die Corona-Zeit in ihre Fänge nahm, dachte ich, so schwierig diese Zeit auch sein mag, sie kann uns bestimmt dabei helfen, unser Leben ein wenig zu verlangsamen. Natürlich sehnen wir uns ungeduldig danach, wieder unbesorgt und planbar zu reisen und viele Events und Termine an vielen verschiedenen Orten wahrnehmen zu können. Doch bestimmt stellen die Menschen jetzt ja auch fest, dass nicht jeder Flug notwendig ist, dass wir uns durchaus etwas entschleunigen und trotzdem ans Ziel kommen können.

LEBENSELIXIER NATUR

Meine Familie und engen Freunde wissen es und natürlich auch viele meiner Fans: Ich liebe die Natur. Und so ist auch eines meiner wichtigsten Selbstfürsorge-Medikamente die Begegnung mit Feld und Wald. Wenn es mir schlecht geht, zieht es mich immer raus in die Natur. Mir ist es wichtig, keinen anderen Menschen mit meinem Gegrummel zu belästigen. Auch meinen Mann Paul nicht. Eine Runde mit meiner Hündin Aura spazieren gehen hilft immer. Tief atmen auf dem Weg. Zwanzig Minuten. Und schon geht es mir spürbar besser.

Ich habe das sagenhafte Glück, dass wir mitten in der Natur leben. In einem kleinen Dorf, umgeben von Feld und Wald, ein Waldstück grenzt an unseren Garten, das uns sogar gehört. Für mich ist das ein wunderbares Geschenk, das mir in trüben Augenblicken, wenn sich ein schlechter Tag wie eine enge Haut um mich legt und mir manchmal sogar ein wenig den freien Atem nimmt, eine besonders große Hilfe ist. Wenn irgendetwas mich belastet, ich schlecht drauf bin und sich genau diese Haut wie eine viel zu enge Pelle um mich legt, ist ein Gang durch die Natur die beste Medizin. Es ist ungefähr so zu beschreiben, als wäre in dieser Haut ein Reißverschluss, und mit jedem Schritt im Wald ziehst du den Reißverschluss ein kleines Stück weiter auf. Und irgendwann ist dieser Mantel geöffnet, ich kann ihn abstreifen und von mir gleiten lassen. Ich brauche zwanzig Minuten Natur, um mich von diesem Sorgenmantel zu befreien.

Es ist nun mal so: Jeder hat Sorgen. Auch ich. Dies eint uns Menschen. Wir alle kennen trübe Momente, auch wenn wir am liebsten immer glücklich und sorgenfrei leben wollen. Doch es geht nicht immer. Sorgen und Unbeschwertheit wechseln einander ab. Das ganze Leben lang. Dunkle Augenblicke gehören also zu unserem Alltag. Wie können wir lernen, sie anzunehmen und mit ihnen zu existieren, ohne dass sie unser Leben bestimmen? Ich glaube, die Natur, insbesondere der Wald ist hier ein wahnsinnig gefühlvoller Lehrer.

Und so ist es nicht nur herrlich, durch die Natur zu laufen. Es ist eben auch heilsam und klärt den Kopf. Ich glaube, den wenigsten Leuten ist diese

1982 in unserem schönen Garten.

Kraft der Natur wirklich bewusst. Läuft etwas schief im Leben, verharren viele in dem tiefen schwarzen Loch, in das sie fallen. In dieser Stasis stecken Menschen dann oft fest und sehen nur noch das Negative. Tatsächlich hilft der Aufenthalt in der Natur dabei, zu realisieren und vor allem auch zu akzeptieren, dass es immer Höhen und Tiefen im Leben gibt. Ich habe in Lebenskrisen die Erfahrung gemacht, dass die aktive Auseinandersetzung mit der Situation die besten Lösungen ergibt und dass bei einem Spaziergang durch den Wald eine innere Aufgeräumtheit entsteht, welche wiederum die Voraussetzung dafür ist, dass überhaupt die Bereitschaft entsteht, sich schlechten Phasen zu widmen, sich aktiv mit ihnen auseinanderzusetzen und sie vielleicht sogar „mitzugenießen". Das ist letztlich nichts anderes als bewusstes und waches Leben. Es ist Offenheit den Dingen gegenüber, die geschehen.

Wer mir in den sozialen Medien folgt, kann sehen, dass ich gerne ein schönes Bild von einem Spaziergang in der Natur oder meinem Garten auf Instagram oder Facebook poste. Oder irgendwas Lustiges, von dem ich glaube, dass es den Menschen ein Lachen ins Gesicht zaubert. Ich freue mich jedes Mal, wenn ich mit diesen Aktionen Menschen glücklich mache. Alles ist so schnelllebig geworden. Die Leute versuchen meistens, auf Facebook und Instagram irgendetwas zu verkaufen, was ja auch in Ordnung ist. Ich habe damit kein grundsätzliches Problem und mache ja selbst Werbeaktionen über die sozialen Medien. Doch zwischendurch habe ich das Bedürfnis, ein paar schöne Bilder oder kleine Videos für die Leute zu posten und ihnen ein bisschen das Gefühl zu geben, dass sie mit mir zusammen sind, dass sie ein wenig teilhaben können an der Schönheit der Natur, die ich gerade erleben durfte. Und manchmal ist ein Spaziergang ja auch ganz aufregend. Plötzlich steht ein Reh auf dem Feld oder ein Fuchs kommt um die Ecke, ein schöner Schmetterling setzt sich vor meinem Auge auf ein Blatt und erinnert mich an meinen Papa, der Schmetterlinge so geliebt hat. Allein dass man aufmerksam durch die Natur läuft, hilft auch, herausfordernde Dinge des Lebens besser einzuordnen und ihnen den Schrecken zu nehmen. Nach so einem Spaziergang gelingt es mir oft, mich meinen Sorgen kraftvoll zu stellen und zu schauen, wo ich Dinge verändern kann, wo ich sie hinnehmen muss, und dass all dies letztlich gar nicht so schlimm ist, wie ich zuerst dachte.

KRAFT ZIEHEN AUS ERFAHRUNGEN

Was mir auch sehr hilft, um gute Entscheidungen für mich selbst und das, was mir guttut, zu treffen, sind natürlich meine Erfahrungen, die ich im Laufe des Lebens gesammelt habe. Sicher gilt dies nicht nur für mich, sondern letztlich für alle Menschen. Das Wesentliche ist, sich des Reichtums bewusst zu sein, über den man da verfügt und aus dem man Kraft schöpfen kann.

Es sind immer die Erfahrungen, die man sammelt. Wenn man keine Erfahrungen sammelt, dann hat man keine Perspektive. Und ja, Alter macht weise und auch gelassener – nicht zu unterschätzende Eigenschaften! Und da ich ja noch gar nicht sooo alt bin, wie weise und gelassen mag ich da wohl noch werden? Jedoch glaube ich, dass es ebenso wichtig ist, sich selbst im Laufe des Älterwerdens auf eine mögliche Zunahme von Starrsinn, Unbeweglichkeit und Verharren in alten Mustern zu überprüfen. Denn nicht immer wird dieses wertvolle Erfahrungspotenzial, das das Alter definitiv mitbringt, genutzt. Und was nützt das tolle Rüstzeug all dieser bereits gemachten Erkenntnisse, wenn man sie nicht für neue nutzt? Und genau hier hapert es bei vielen Älteren enorm. Einige Menschen tun sich im Alter schwer, offen für Neues zu sein, was nicht unbedingt weise ist. Jedoch wenn sie offen sind, dann ist der ganze Erfahrungsreichtum, den sie in ihre Offenheit für Neues integrieren, von unschätzbarem Wert. Und es ist vor allem auch weise, dies zu tun.

In meinem täglichen Leben begegne ich daher nicht nur bewusst neuen Dingen positiv und offen, sondern greife in unklarer Entscheidungslage oder bei Stimmungstiefs immer wieder auf Erfahrungen zurück, die ich in ähnlichen Situationen schon mal gemacht habe. Das gilt auch für ganz simple Alltagssituationen. Wenn ich zum Beispiel antriebslos bin und am liebsten im Bett liegen bleiben will, habe ich zwei Möglichkeiten: Entweder ich gebe mich meiner Antriebslosigkeit mit einer riesigen Portion Selbstmitleid hin, bleibe den ganzen Tag im Bett und bedauere mich. Oder ich nehme bewusst meine Stimmung und meine Gefühle wahr und reflektiere über die Konsequenz der möglichen Entscheidung. Und natürlich komme ich dann zu dem Ergebnis, dass es im Falle der Hingabe ans Bett so nicht funktionieren wird. Ich spiele das alles in Gedanken durch und konfrontiere mich mit Erinnerungen an ähnliche Situationen aus meinem Leben, in denen mir die Alternative, dem Schweinehund die Stirn zu bieten, das um ein Vielfaches bessere Gefühl gegeben hat. Und sei es auch noch so simpel, unmittelbar in dem Moment, wo man schließlich aufsteht, fühlt man sich genau in diesem Augenblick schon viel besser. Und wer sogleich die Jalousien hochzieht und das Fenster weit öffnet, um den Morgen zu atmen, hat gewonnen.

ZIELE HABEN FÜR DEN TAG

Was mir persönlich auch dabei hilft, gar nicht erst in eine niedergeschlagene Stimmung zu kommen, ist eine gut strukturierte Tages- oder Wochenplanung. Wie wichtig eine gute Einteilung und Ziele sind, haben wir noch mal ganz besonders deutlich in der ersten Zeit der Corona-Krise gemerkt, als das Leben sich plötzlich auf der ganzen Welt komplett veränderte. Von jetzt auf gleich waren alle Auftritte gecancelt und alles, was mein Leben und meinen Job ganz besonders ausmacht – nämlich die Begegnung mit Menschen –, war auf unbestimmte Zeit verboten. Wir mussten wochenlang in unseren Wohnungen und Häusern bleiben. In Gruppen auf der Straße unterwegs zu sein, war verboten, Abstand zu anderen Menschen war einzuhalten und Besorgungen des täglichen Bedarfs mussten zügig und kontaktlos unternommen werden. Und niemand wusste, wie lange diese Situation so sein würde.

In dieser besonders streng geregelten Corona-Zeit, in der wir quasi ans Haus gekettet waren, gewann die Organisation und Planung des Alltags noch mal eine ganz neue Bedeutung. Paul und mir hat es sehr geholfen, am Abend zusammenzusitzen und zu überlegen, wie wir den nachfolgenden Tag konstruktiv gestalten könnten. Den Tag zu planen und dem Leben Struktur zu geben, sorgt auch für eine innere Aufgeräumtheit und ein positives Lebensgefühl. Natürlich gibt es immer mal Momente, in denen diese Planung durchbrochen wird. Aber auch damit kann man lernen umzugehen, indem man liebevoll mit sich selbst ist und eben anerkennt, dass man nicht perfekt ist.

ALTES LOSLASSEN

Selbstfürsorge bedeutet auch Altes loslassen, wenn man merkt, dass die Zeit reif dafür ist. Ein Beispiel dafür aus meinem Leben ist das wunderbare Café Chillax, das wir fünf Jahre in Siegburg im Gartencenter Ahrens+Sieberz hatten. Doch mit der Zeit spürte ich, dass es begann, meine Energien und Gesundheit anzukratzen, und ich bekam depressive Stimmungen. Ich hatte ja nach wie vor meinen ganz normalen Job, der mich den ganzen Tag sehr forderte. Ein Job, der anstrengender ist, als viele vielleicht denken, denn ich hüpfe ja nicht einfach auf gut Glück von Show zu Show. Wenn ich als Entertainer, Sänger, Moderator, Musicaldarsteller aktiv bin, dann ist damit im Hintergrund natürlich jede Menge Arbeit verbunden. Ich muss Texte lernen, Rollen einstudieren und Drehbücher kennen, meine Stimme trainieren, zuweilen viel reisen und zahlreiche weitere Kleinigkeiten, die mit diesem Job verbunden sind, absolvieren. All das macht mir einen Riesenspaß, doch Energie und großen Zeiteinsatz benötigt es natürlich trotzdem. Dennoch: Kann es einen besseren Job geben als die Mission, anderen Menschen ein Lächeln ins Gesicht zu zaubern?

Doch als wir das schöne Café Chillax hatten, musste ich nach manch einem Arbeitstag oft direkt dorthin. Ich fühlte mich ja auch verantwortlich für alles, was im Café passierte. So oft es ging, sind Paul und ich hingefahren, haben selbst den Service übernommen und uns um die Gäste gekümmert, obwohl ich richtig erschöpft und fertig war und eigentlich einfach nur schlafen musste. Und dennoch habe ich im Café mitgearbeitet, weil ich es einfach wollte. Dann aber merkte ich mehr und mehr, dass ich es körperlich nicht mehr schaffte. Es ging einfach nicht mehr. Und so entschieden wir schweren Herzens, das Café aufzugeben, obwohl es richtig gut lief und natürlich auch Spaß gemacht hatte.

Als ein neuer Pachtvertrag anstand, nahm Paul die Entscheidung in die Hand und ermutigte mich, Schluss zu machen mit unserem Chillax. Es war ein bisschen wie „Gehen, wenn's am schönsten ist", da das Café ja so sagenhaft beliebt war. Doch Paul hatte natürlich recht. Wir würden das nicht hinkriegen, noch mal fünf Jahre Pacht. Es wäre nur noch mehr Raubbau an unserer Gesundheit gewesen. Und Paul kannte mich ja. „Du wirst dir immer nur Sorgen machen, obwohl es gut läuft", erinnerte er mich kontinuierlich in jener Entscheidungsphase. „Du wirst dir immer Gedanken machen, dass alle Mitarbeiter gut versorgt sind, angemessen verdienen und alles gut läuft."

Und genauso war es ja auch mit der schönen Bed-&-Breakfast-Pension Little Gables in England gewesen, die wir von Pauls Eltern in der schönen

Kleinstadt Wallingford in Oxfordshire übernommen hatten. Wir waren selten da, als meine Arbeit hier in Deutschland nach meinem Dschungelcamp-Abenteuer – worüber ich später auch noch berichten werde – so richtig auf Erfolgskurs kam. Und natürlich habe ich mich dann wieder schlecht gefühlt, weil ich immer wieder sah, dass ich nicht für die Leute da sein konnte. Menschen kamen zum Teil aus Österreich, Deutschland, der Schweiz oder Frankreich zu uns rüber nach England ins Little Gables. Sie taten dies natürlich nicht zuletzt, um uns zu erleben. Und wir waren nie da.

Schließlich haben wir Nägel mit Köpfen gemacht und es verkauft – auch das ist mir sehr schwergefallen ... Doch es war richtig, das zu tun. Das Geld haben wir in ein zweites Haus hier in unserem Wohnort investiert, das wir renoviert und schließlich vermietet haben. Es wurde alles wunderschön, war schließlich top in Schuss und es hat Freude gemacht, das Haus herzurichten und zu vermieten. Es war eine weise Entscheidung, ein Haus hier im Ort zu kaufen. So konnten wir problemlos verfolgen, wie alles läuft oder was benötigt wird, und vor allem haben wir hier einen unkomplizierten und schnellen Draht zum Mieter. Mir ist der gute Kontakt zu Menschen einfach wichtig, seien es nun Gäste meines Cafés, Fans oder Mieter eines Hauses, das mir gehört. Ich brauche die Tuchfühlung und gefühlsmäßige Rückmeldung, dass alles in Ordnung ist und die Menschen sich wohlfühlen. So bin ich einfach. Also muss ich einen Rahmen erschaffen, der das ermöglicht. Und gleichzeitig hatten wir das Gefühl, wir tragen dazu bei, unseren Wohnort zu beleben und zu verschönern. Wir investierten in unsere „Heimat" und zeigten damit auch, dass wir hier wirklich angekommen sind.

Es ist in einem Haus ja normal, dass immer mal irgendwas gemacht werden muss, Dinge schieflaufen, etwas nicht funktioniert, der Wasserhahn kaputt ist oder irgendetwas anderes. Dann ist es mir wichtig, schnell handeln zu können. Ich bin ein Mensch, der sich für alles verantwortlich fühlt. Genauso ist es ja auch bei meinen Fans, wo mir immer schon wichtig war, dass es ihnen gut geht und sie eine schöne Zeit haben, wenn sie mich sehen. Es wäre für mich ein Albtraum, wenn ein Fan nach einer Show mit traurigem Gesicht nach Hause ginge. Wenn ich auf der Bühne bin, wünsche ich mir, dass die

Menschen im Publikum für zweieinhalb Stunden ihre Sorgen vergessen. Eine Show ohne lachende Gesichter ist vollkommen wertlos für mich.

Und weil mir dies wichtig ist, musste ich – um mir letztlich auch selbst gutzutun – das Café aufgeben. Ich konnte meinen eigenen Werten nicht gerecht werden. Ich musste das Café, so sehr ich es auch liebte, loslassen. Überlegt einmal, ob ihr in eurem Leben auch etwas Ähnliches entdeckt. Gibt es etwas, an dem ihr festhaltet, obwohl es euch viel zu viel Kraft kostet? Vielleicht ist es dann auch etwas, das ihr loslassen müsst, damit wieder Energien für Neues frei werden. Oder dafür, dass ihr anderen wichtigen Dingen in eurem Leben wieder die Aufmerksamkeit geben könnt, die sie verdienen.

DIE KLEINEN DINGE IM LEBEN

Etwas Weiteres, das für die eigene Seele und das eigene Glück von unschätzbarem Wert ist, sind die besagten kleinen Dinge im Leben. Viele Menschen warten auf etwas Großes und Bedeutungsvolles, durch das sie dann endlich glücklich und zufrieden werden. Doch so funktioniert die Sache mit dem Glück nicht. Glück erleben wir nämlich eher tagtäglich im Alltag mit all den kleinen Dingen, die uns umgeben und begegnen. Allerdings muss man die Augen und Seele dafür offenhalten, um sie überhaupt wahrzunehmen. Ich glaube, ich darf von mir wirklich behaupten, dass ich ein wahrer Profi darin bin, kleine Dinge wahrzunehmen und mich wie ein Kind darüber zu freuen. Vieles davon hat auch wieder mit der Natur zu tun. Die Natur ist voller kleiner Geschenke und Wunder. Denkt einfach nur an den Moment, wenn es geregnet hat und die Regentropfen den Steinen oder Blättern diesen ganz besonderen Glanz verleihen. Oder der Duft von Regen, wenn es an einem heißen Sommertag plötzlich gewittert und man gemeinsam mit dem durstigen Boden den wunderbaren Geruch des Regens atmen kann – das alles ist wunderschön. Es sind diese Kleinigkeiten, die mich faszinieren. Das empfand ich schon als Kind so, und bis heute ist es unverändert.

Ein anderes Beispiel sind unsere Kaulquappen. Für die meisten Menschen haben Kaulquappen vermutlich keine Bedeutung, doch für mich ist ihre Entwicklung der Wahnsinn. Man stelle sich das doch mal wirklich genau vor: Ihre Metamorphose fängt im Wasser an. Witzig sehen diese Lebewesen mit ihren großen Köpfen und den kleinen Schwänzen aus, wie kleine Spermien rudern sie im Wasser umher, wo sie die erste Zeit ja auch leben. Und dann verlassen sie irgendwann das Wasser, kommen mit Armen und Beinen da raus und leben einfach an Land weiter. Das ist doch verrückt, wie Lebewesen sich entwickeln. Wie die Natur das macht!

Wir sind so stolz, dass wir schon Tausende Kaulquappen in einem kleinen Becken gerettet haben, das wir für sie hier gebaut haben. Wenn sie groß genug sind, dass sie nicht mehr von den Fischen gefressen werden, entlassen wir sie in die Freiheit. Schon oft haben wir als Geschenk dafür eine Froschhymne gequakt bekommen. Ich glaube, wir beherbergen in unserem Garten ein richtiges Froschorchester.

Doch ist es nicht schön, dass wir diese Möglichkeiten überhaupt haben? Ich bin so dankbar dafür. Ganz besonders in der Anfangszeit der Corona-Pandemie habe ich viel darüber nachgedacht, wie es gewesen wäre, wenn wir in der Stadt gelebt hätten. Vielleicht ganz oben in einem Hochhaus ohne Möglichkeit, auf einen Balkon nach draußen, geschweige denn, in einen Garten zu gehen. Wie schwierig das Leben da wohl für ältere gebrechliche Menschen sein musste, die es kaum aus dem Haus schafften und für die ein kleiner Garten ein wundervolles Glück gewesen wäre! Ich mache mir über solche Dinge immer viel zu viele Gedanken und frage mich oft, wie ich Menschen in einer schwierigen Situation Gutes tun kann. Natürlich sind die Möglichkeiten eines Einzelnen begrenzt, und doch, wenn ihr noch mobil und im Besitz eurer Kräfte seid, erinnere und ermuntere ich euch, eure Aufmerksamkeit immer zuerst auf die Möglichkeiten zu richten, die ihr habt, anstatt zu bedauern, was euch fehlt. Ihr mögt vielleicht nicht das Glück haben, einen eigenen Garten nutzen zu können, doch Parks und Wälder stehen euch offen, dort könnt ihr Kraft tanken. Ihr mögt vielleicht beklagt haben, dass ihr im Corona-Frühsommer 2020 über lange Wochen Wälder und Parks aber nicht mit ein paar Freunden zusammen genießen durftet, sondern höchstens mit einer Person aus demselben Haushalt. Trotzdem konntet ihr auch allein genussvoll die entstandene friedliche Stille und Ruhe der Welt atmen und euch für die wirklich lohnende Erfahrung öffnen, Spaziergänge im Wald oder Park in dieser Zeit besonders intensiv zu erleben. Diese kleinen Dinge des Lebens sind etwas ganz Großes. Was Spaziergänge im Freien betrifft, hatten wir es hier in Deutschland ja noch vergleichsweise gut. In England durften Menschen ab dem Alter von 70 Jahren lange Zeit nicht einmal nach draußen vors Haus. Wie hat es mich da beruhigt, dass meine Mutter einen Garten hat und ein Freund zu ihr gezogen war, sodass sie nicht vereinsamte in dieser Zeit. Das nenne ich Glück.

Und wenn ihr am Ende sogar besonders viel Energie und Kraft habt, könnt ihr ja auch schauen, ob ihr nicht vielleicht anderen Menschen helfen könnt, in die Natur zu kommen, wenn sie es selbst nicht mehr schaffen. Denn das größte Glück entsteht dann, wenn man es teilt oder verschenkt.

DAS POSITIVE SEHEN

Die Wahrnehmung und das bewusste Erleben der kleinen Dinge des Lebens sind eng verknüpft mit etwas Weiterem, das der eigenen Seele guttut und somit der Selbstfürsorge dient: dem positiven Blick auf die Welt. Das ist ja etwas, das mir besonders leichtfällt. Es hat nichts damit zu tun, planlos die rosarote Brille aufzusetzen und Probleme mit einem Gute-Laune-Make-up zu übertünchen. Das wäre oberflächlich und führte auch zu nichts. Es geht vielmehr darum, aus einer schwierigen Lage die positiven Mosaiksteine herauszusuchen, die in der richtigen Zusammensetzung Lösungen generieren und Wege öffnen können.

Kennt ihr zum Beispiel den wunderschönen Lebensfreude-Wandkalender mit tiefsinnigen und zum Nachdenken anregenden Sprüchen und kleinen Texten vom PAL Verlag? Nicht nur dieser Kalender ist ein wunderbarer Begleiter durchs Jahr, wenn es um Inspiration, Mutmachen und ganz schlicht

Lebensfreude geht. Auch auf der Website des Verlags habe ich bereits viele richtig gute alltagstaugliche Online-Beiträge entdeckt. Ich selbst benötige ja scheinbar gar nicht so viel Nachhilfe im Glücklichsein, dennoch haben mich Themen rund ums Lebensglück schon immer interessiert, sodass ich mich zuweilen gerne damit befasse.

Letzten Sommer stieß ich auf einen interessanten Beitrag auf dieser Website zum Thema Glücklichsein. Der Psychologe Rolf Merkle teilte dort, wie ich finde, sehr interessante und vor allem auch verständliche Gedanken zum positiven Denken. Wenn man dem, was Merkle zusammenträgt, Glauben schenkt – und ich denke, das sollte man tun –, dann hat eine positive Lebenseinstellung ausgesprochen kraftvolle Auswirkungen auf ganz bedeutende Lebensbereiche: Gesundheit, seelisches Wohlbefinden, geistige Fä-

higkeiten und Wahrnehmungsfähigkeit, berufliche und finanzielle Erfolge sowie zwischenmenschliche Beziehungen. Wow, dachte ich, als ich das las, wenn das kein Grund ist, diese positive Sicht aufs Leben täglich zu üben. Denn bei genauerer Betrachtung dieser Gedanken ist es einfach einleuchtend, dass all dies stimmt. Dass eine positive Einstellung das Immunsystem eher unterstützt, während düstere Gedanken Lebenspower rauben, ist selbsterklärend. Ebenso, dass die seelische Befindlichkeit dann insgesamt besser ist, leuchtet ein. Das heißt nicht, dass positive Menschen immer happy und niemals niedergeschlagen sind. Auch sie haben Lebenskrisen und Augenblicke, in denen sie tief bedrückt sind. Jedoch schaffen sie es schneller aus dem Tief heraus und haben die besseren Bewältigungsstrategien. Mit besserer seelischer Befindlichkeit geht wiederum auch eine bessere geistige Leistung einher. Jemand, der ausgeglichen ist und optimistisch seinen Lebensaufgaben und Herausforderungen begegnet, hat ganz klar die bessere Konzentration, Wachheit, Kreativität und auch bessere Ideen als ein Mensch, der grübelt und in Befürchtungen verstrickt ist. Dies wiederum führt zu mehr Erfolgen im Job und auch privat. Ein positiver Mensch sieht Chancen und Herausforderungen, wo andere Probleme sehen, und geht daher auch mit mehr Vertrauen und unvoreingenommen an Aufgaben heran und wirkt im privaten Umfeld auch freundlicher und anziehender als ein Grübler. Wer jetzt ins Grübeln gerät, dass er oder sie vielleicht so ein klein wenig ein Grübler beziehungsweise eine Grüblerin ist, stöbert vielleicht ein wenig in den hilfreichen Tipps auf dieser Seite herum – einfach googeln, dann findet ihr es sofort; das Kürzel PAL bedeutet: praktisch anwendbare Lebenshilfen. Gesetzt den Fall, ein Mensch hat nicht eine ernst zu nehmende Depression, die auf jeden Fall in professionelle Hände gehört, sind viele dieser Tipps auf der Verlagsseite klasse.

Besonders gut eignet sich exemplarisch für die Art und Weise, Ereignisse zu betrachten, hier wieder die aktuelle Pandemie. Menschen, denen die positive Sicht auf die Dinge nicht so gut gelingt, filterten im vergangenen Jahr aus den Beschränkungen, die den Alltag plötzlich berührten, ausnahmslos das Negative. In den Fokus rückte nur noch, was man auf einmal nicht mehr durfte: Feste feiern, ins Restaurant oder ins Kino gehen, Freunde treffen, Angehörige in Heimen oder Krankenhäusern besuchen sind nur ein paar Beispiele. Selbst auf dem Friedhof von einem geliebten Menschen Abschied zu nehmen, war verboten. Wahrlich, das sind Veränderungen, die unsere Gesellschaft sehr empfindlich trafen, und auch ich wusste nicht, ob all dies so gerechtfertigt war, ob andere Wege besser gewesen wären und man noch strenger hätte agieren müssen. Niemand wusste das genau zu Beginn der Pandemie. Die Wissenschaft stand ja auch noch ganz am Anfang, und wenn wir uns erinnern, war ja beispielsweise auch nicht sogleich klar, ob das Tragen von Masken überhaupt Sinn machte, wie es genau um die Abstandshaltung stand, wie es sich mit der Ansteckung in geschlossenen Räumen oder draußen verhielt, wer nun besonders gefährdet war und so weiter und so fort. All dies musste doch erst untersucht werden. Und war es nicht eher klug, in einer solchen Situation, in der vieles noch im Unklaren lag, lieber Vorsicht walten zu lassen, als unnötige Risiken einzugehen? Ich denke schon.

Das Jammern und Klagen über Beschränkungen und diejenigen, die sie erlassen, führt zu nichts, mit konstruktiv-kritischer Betrachtung bringt man sich viel sinnvoller ein und kann vielleicht auch gute Ideen und Gedanken beitragen, die der Gesellschaft helfen, einen Schritt nach vorn zu kommen. Und bezogen auf den eigenen kleinen Mikrokosmos: Wie wäre es hingegen, aus dieser Lage auch etwas Positives zu gewinnen? Der neue Blick auf die aktuelle Situation bringt zweifellos mehr Gewinn, und man kann gerade jetzt besonders gut aufgeschobene Dinge erledigen.

Dieser positive Blick brachte mit Sicherheit für jeden Lebensentwurf sinnvolle Dinge ans Licht, die gerade in dieser Krise nun möglich wurden. Es sind so einfache Dinge, dass man vielleicht gar nicht gleich darauf kommt. Ich habe beispielsweise in der Zeit, in der mein Job stillstand, meine ganzen Fotos sortiert, viel ausgemistet und habe die Wände in unserem Haus neu gestrichen. Immer wieder habe ich mir überlegt, was man drinnen machen kann, und mir wurde bewusst, es gibt unglaublich viele Sachen, die ich immer schon mal im Haus machen wollte, doch nie hatte ich Zeit dazu. Nun war auf einmal Zeit im Überfluss da. Es ist einfach nur klug, diese Zeit zu nutzen.

Auch wenn ihr diese Zeit vielleicht nicht so optimal genutzt habt und nun rückblickend nichts mehr verändern könnt, der positive Blick lohnt sich auch dann. Denn ihr könnt diesen positiven Blick in die Zukunft richten und aus dem, was in der Vergangenheit nicht mit so viel Gewinn gelaufen ist, für zukünftige Herausforderungen lernen und es dann besser gestalten.

DER BLICK AUFS ICH

Mit dem positiven Blick eng verbunden ist natürlich auch jedwede Form der Reflexion. Über Situationen und Ereignisse mit Sorgfalt und in Ruhe nachzudenken, ist ein wahnsinnig kraftvolles Werkzeug für eine ausgeglichene innere Welt. Doch nicht nur die Reflexion über die Außenwelt, und wie diese die eigene Innenwelt berührt, ist bedeutsam. Auch die Reflexion über sich selbst gehört dazu. Und das finde ich sogar ausgesprochen bereichernd und mache es tatsächlich täglich: Am Ende eines jeden Tages nutze ich einen kleinen Augenblick und denke darüber nach, was ich während der letzten 24 Stunden nach meinem eigenen Dafürhalten richtig und was ich falsch gemacht habe. Dann frage ich mich bei den Dingen, die aus meiner Sicht nicht so optimal gelaufen sind, warum ich es so gemacht habe, warum ich in diesem oder jenem Moment aufgeregt oder bockig war und so oder so reagiert habe. Ich durchdenke es, suche nach Lösungen, die in den jeweiligen Situationen möglicherweise ein besseres Resultat gebracht hätten, und frage dann auch Paul nach seiner Meinung. Da Paul so wunderbar in sich ruht und von Natur aus schon sehr reflektiert und ausgeglichen ist, kann er mir exzellentes Feedback geben und ist der perfekte Gesprächspartner.

Vielleicht könnt ihr eine solche Selbstreflexion auch einmal ausprobieren und euch zusätzlich ein Feedback von außen holen. Gesprächspartner muss nicht der Ehemann oder die Ehefrau sein. Alle Menschen haben in ihrem Freundeskreis meistens einen Freund oder eine Freundin, der/die sich für solche Gespräche besonders gut eignet. Nach einem solchen Austausch ist man in der Regel gut gerüstet für zukünftige ähnliche Situationen und kann besser reagieren oder handeln.

Bei mir ist diese tägliche Abendreflexion über das eigene Handeln ganz besonders spannend, weil ich ja von Natur aus ein sehr emotionaler, spontaner und quirliger Mensch bin. Das führt unweigerlich dazu, dass ich in manche Situationen förmlich von meiner aktuellen Emotion reingeworfen werde, sodass mein Handeln je nach Gefühlslage vollkommen unterschiedlich ausfallen kann. Und dann mache ich Sachen und denke wenig später, auweia, das hätte ich nicht tun sollen. Und dann geht das Denken los: Warum habe ich das getan?

Mir ist klar, dass ich kein fehlerfreier Mensch bin. Niemand ist fehlerfrei, und ich habe zum Glück kein Problem damit, Fehler einzugestehen, weil mir absolut klar ist, dass man gerade durch Unvollkommenheit am allermeisten lernt im Leben. Besonders glücklich bin ich darüber, dass ich mich immer entschuldigen kann, wenn ich etwas falsch gemacht habe. Das finde ich unglaublich wichtig. Vielen Leuten fällt es jedoch schwer, sie können sich einfach nicht entschuldigen und müssen immer recht behalten. Ich kenne in meinem Umfeld einige Menschen, bei denen das so ist; sie pochen unablässig auf ihr Recht, auch wenn sie für alle sichtbar im Unrecht sind und dies auch eigentlich selbst wissen. Trotzdem ziehen sie es komplett durch. Mir ist das ein absolutes Rätsel. Warum tun Menschen das? Warum sagen sie nicht einfach: Es tut mir leid. Oder warum lassen sie es nicht wenigstens innerlich durch eine Geste oder Mimik rüberkommen, dass man merkt, es tut ihnen wirklich leid?

LEBENSLANGES LERNEN

Noch etwas ist mir in den letzten paar Jahren aufgefallen, da ich mich ganz allmählich der „Mitte des Lebens" nähere. Viele Leute in meinem Umfeld mit Ende 40 oder Anfang 50 und in ähnlicher Lebensphase wie ich lassen ihr Leben stagnieren. Sie argumentieren, die Hälfte des Lebens sei nun ja sowieso vorbei – und jetzt noch was ändern oder dazulernen? Wie soll denn das gehen? Wer so redet, mit dem muss ich aber ganz streng ins Gericht gehen! Man kann immer lernen. In jedem Alter. Selbst wenn ich 90 oder 100 Jahre bin. Lernen hört nie auf. Und für mich gehört auch Dazulernen zur Selbstfürsorge.

Ein großes Dilemma für diese alternden Zweifler: Je höher das eigene Lebensalter klettert, umso mehr Menschen sind logischerweise jünger als man selbst. Doch von einem jungen Hüpfer etwas lernen, wenn man schon so alt und weise ist? *Niemals!*, denken die „weisen" Alten. *Was kann das junge Gemüse uns denn schon beibringen?!* – Ich hingegen denke: Sehr viel ...

Nicht wenige Leute haben aber leider ein Problem damit, von Jüngeren etwas zu lernen. Dabei gibt es doch kaum etwas Erfrischenderes. Wenn ich sehe, dass jemand einen guten Gedanken hat und erst 21 Jahre ist, dann ist

Schon in der Schule - hier 1986 in der Mittelschule - war ich immer neugierig und wissbegierig.

das doch toll. Gerne nehme ich die frischen Ideen an. Ich finde sogar, dass diese Generation ausgesprochen wichtig für uns in der Mitte des Lebens ist. So schrecklich schnell, wie die Welt sich verändert und sich immer wieder neu entwirft, so schnell kann ich ihr gar nicht folgen. Es gibt unglaublich vieles, wo ich merke, dass ich da nicht mehr wirklich schnell hinterherkomme. Kein Zweifel, die Kompetenz der jungen Menschen ist nun ganz klar gefragt. Wer sonst bringt mich denn weiter, wenn nicht all diese jungen Köpfe? Auch das ist ein Grund, warum ich zusehe, dass ich bei Instagram und Facebook auf dem Laufenden bleibe und mitmische. Was auch immer man in Gänze von den sozialen Medien halten mag, nicht alles ist schlecht daran; es lohnt sich immer, darüber ein wenig Bescheid zu wissen, und sei es nur deshalb, um den Anschluss zu halten und mitzubekommen, was läuft. Und so schaue ich mir natürlich regelmäßig bei Instagram und Facebook an, was die neue Generation da macht und wie sie es macht. Es ist wichtig, von ihr zu lernen.

Jetzt, da ich dieses Buch schreibe, habe ich die Mittvierziger auch längst hinter mir gelassen, und es dauert nicht mehr sehr lange, dann bin auch ich 50. Wie hat sich doch die Welt verändert, in die ich damals geboren wurde. Bedenklich und sehr schade finde ich, wie schnelllebig die Welt geworden ist. Wenn ich allein daran denke, dass meine Nichte und mein Neffe vor 15 Jahren schon als Achtjährige ein Handy hatten!

Als ich ein Kind war, gab es keine Handys, und wir hatten auch keinen PC. Wir spielten viel draußen an der frischen Luft und im Matsch mit anderen Kindern, sammelten Eier auf dem Bauernhof und kamen stinkend nach Hause, weil wir uns im Kuhfladen gewälzt hatten. So spielten wir früher, und es hat mir wirklich unglaublich gutgetan. Dieses schöne Leben damals hat mich sehr geprägt, und es hat sicher auch dazu beigetragen, dass ich auf den Zug der Digitalisierung niemals so richtig aufspringen wollte. Was das betrifft, bin ich komplett anders als Paul. Paul kennt sich bis ins Detail aus mit neuen Technologien. Klar, es hat natürlich auch Vorteile sich auszukennen, denn wenn bei uns im Haus irgendwas kaputtgeht – Paul kann es retten. Ich kann nur dabeistehen, mit den Schultern zucken und dummes Zeug reden.

Ich weiß nicht, wie oft Paul mich schon kopfschüttelnd gefragt hat, wozu ich so ein teures Handy habe, wenn ich sowieso nur Nachrichten und Mails damit verschicke oder Fotos mache. Da hat er natürlich recht. Womit ich dann das moderne Handy rechtfertige, ist eigentlich eine traurige Tatsache, die sehr nachdenklich machen sollte: Man kann leider, wenn man kein Handy der aktuellen Version hat, irgendwann keine Updates mehr machen, sprich, es funktioniert nicht mehr hundertprozentig. Wie viel unnötiger Elektroschrott dadurch produziert wird, nur damit immer wieder neue Handys „konsumiert" werden! Das ist ganz und gar nicht akzeptabel.

Und ebenso ist es für mich nicht akzeptabel, nur noch vor Displays und Bildschirmen zu hocken. Ich gehöre zum Glück einer Generation an, die beide Lebensentwürfe wirklich beurteilen kann und erfahren hat: das freie Spielen mit Freunden draußen in der Natur und das Parken des Nachwuchses vorm Fernseher, Computer, Gameboy oder eben heute vorm Smartphone. Meine Generation ist auch diejenige, die eigentlich die größte Sensibilität dafür haben müsste, dass man mehr aus dem Leben machen muss, als es vor einem Bildschirm zu parken. Ich weiß, wie wichtig Kreativität, Fantasie und Bewegung sind, denn ich bin damit aufgewachsen. Und gleichzeitig habe ich erlebt, wie vieles davon durch die neuen Technologien bereits verloren ging.

Und nicht nur das. Ich merke auch, wie häufig die Konzentration nachlässt, weil kaum jemand heutzutage mehr in Ruhe einen langen Text liest – beispielsweise wie ihr jetzt erfreulicherweise gerade dieses Buch lest. :-) Man wird zappelig und unruhig, bewegt sich weniger als früher, geht nicht oft genug raus in die Natur und schaltet einfach nicht mehr richtig ab. Die neuen Technologien haben ja durchaus ihren Sinn und sind hilfreich, zum Beispiel um Distanzen zu lieben Menschen zu überwinden. Doch manchmal ist es sinnvoll, auch mal auf Abstand zu all diesen neuen Technologien zu gehen, um uns und unsere Gesundheit zu schützen.

Ich fühle mich meist glücklicher, wenn ich in Bewegung bin und mich beschäftige. Dies führt von ganz allein dazu, dass ich nicht so oft vorm Fernseher zu finden bin, auch wenn ich selbst für das und mit dem Fernsehen arbeite. Klar schauen wir uns auch mit der Familie etwas im Fernsehen an, am liebsten Serien. Sich regelmäßig zum gemeinsamen Genuss einer Episode zu treffen, macht Spaß und hat etwas Verbindendes. Doch sollte so etwas nicht in Binge-Watching ausarten, wo man den ganzen Tag auf dem Sofa vergammelt – eine Episode reicht voll und ganz. Kinder können so etwas auch gar nicht verarbeiten, sie werden schnell zappelig und unzufrieden. Wenn ich dann noch sehe, wie viel Quatsch es heutzutage im Fernsehen gibt. In meiner Kindheit gab es fünf Kanäle. Und davon blieb meistens einer übrig, den man zum Favoriten erklärte. Für das Programm hatten wir seltene und feste Zeiten, in denen wir ausgewählte Sendungen schauen durften. Das war sehr einfach damals, und es war für uns vor allem auch noch etwas ganz Besonderes. Heute wird man total überwältigt von den ganzen Fernsehprogrammen plus Netflix, iTunes, Sky und was es sonst noch alles gibt. Mich überfordert dieses ganze Angebot, es fühlt sich nicht wirklich gut an.

Und natürlich darf man auch nicht unterschätzen, wozu diese andauernde Medienberieselung physisch und psychisch führt. Man denke nur an all die inzwischen längst bekannten Zivilisationsschäden wie Bewegungsmangel, Augenleiden, Übergewicht, soziale Verarmung und viele weitere Folgen dieses übermäßigen Konsums. Neulich las ich, dass laut einer im Online-Portal der Ärzte Zeitung genannten Studie langjährig hoher Fernsehkonsum sogar das Hirnvolumen killt und die grauen Zellen schrumpfen lässt. Mir wird ein wenig mulmig zumute, wenn ich an die Schäden denke, die hier bereits entstanden sind.

GESUND SEIN – WAS EIN GLÜCK!

Und schon sind wir bei einem nächsten wichtigen Selbstfürsorge-Thema: Gesundheit. Gesundheit ist absolut grundlegend für alles andere im Leben. Insofern könnte sie eigentlich das Top-Thema der Selbstfürsorge sein, das alles überdacht. Denn es ist wirklich wahr: Ohne Gesundheit lässt sich keine der anderen Selbstfürsorge-Maßnahmen umsetzen.

MEIN **SCHLÜSSEL** ZUM **GLÜCK: DANKBAR- KEIT.**

Für jeden Tag, an dem ich gesund bin beziehungsweise mich stabil und wohlfühle, bin ich dankbar. Natürlich nehmen mit zunehmendem Alter die Wehwehchen zu – es ist ein normaler Prozess, dem niemand entrinnen kann. Umso klarer wird, wie eng auch Gesundheit mit Selbstfürsorge verbunden ist. Es ist wichtig, täglich für seine eigene Gesundheit zu sorgen.

Obwohl ich ja nun noch verhältnismäßig jung bin, so bin ich doch auch alt genug, dass ich bei mir selbst wahrnehme, wie mein Körper sich täglich ändert. In zwei meiner Finger habe ich Rheuma. Meine Mutter erzählt mir immer, welche Gebrechen oder Krankheiten sie nun wieder heimgesucht haben, und dann merke ich einige Zeit später: Ich habe das auch ... Solidarität? Vererbung? Oder bin ich ein eingebildeter Kranker?

Durch Ernährung, Bewegung und ein ausgeglichenes Seelenleben können alle Menschen eine Menge für ihre Gesundheit tun. Auch genug Schlaf gehört dazu. Es gibt nichts Schöneres, als morgens nach einer guten Nacht mit frischer Energie aufzuwachen. Herrlich! Ich weiß noch, wie ich als junger Mann – in meiner Bro'Sis-Zeit – der Meinung war, Schlafen sei völlig überbewertet und was für Weicheier. Heute weiß ich es besser.

Neulich las ich in der Wirtschaftsrubrik in einem Online-FAZ-Artikel, dass Schlafmangel sogar zu den Faktoren gehört, die die größten wirtschaftlichen Kosten verursachen. Eigentlich benötigt man für diese Erkenntnis nicht wirklich wissenschaftliche Forschung, sondern einfach nur gesunden Menschenverstand. Ausgeschlafene Menschen haben bessere Ideen, sind produktiver und fühlen sich ganz schlicht einfach besser. Nach jeder guten Nacht empfinde ich morgens eine große Dankbarkeit, weil ich dann einfach gut drauf bin und so richtig im Rossi-Style in den Tag wirbeln kann.

DANKBARKEIT, DAS STILLE GESCHENK

Schlussendlich sei noch ein besonderes Sahnetüpfelchen in meinem Selbstfürsorge-Repertoire erwähnt: Dankbarkeit. Dankbar zu sein und Dankbarkeitsrituale ins tägliche Leben zu integrieren, sind wunderschöne Möglichkeiten, für sich selbst achtsam zu sorgen. Halte einfach einmal inne und denke darüber nach. Ist es nicht tatsächlich so, dass wir viel zu oft Dinge als selbstverständlich gegeben betrachten oder vieles sogar erwarten? Und geschieht das Erwartete nicht, sind wir verärgert oder frustriert und lassen geräuschvoll unser Umfeld an unserer Enttäuschung teilhaben. Dankbarkeit hingegen ist ein positives Gefühl, das eher im Verborgenen geschieht. Selten springen Menschen durch die Gegend und rufen: *Juhuuuu, ich bin so dankbar!* Dankbarkeit ist ein stilles Gefühl. Natürlich bedeutet ein intensives Empfinden von Dankbarkeit nicht, dass man niemals traurig oder verärgert ist. Es bedeutet aber, sich nicht dauerhaft von negativen Gefühlen leiten zu lassen, sondern sich auf das zu konzentrieren, was schön und gut ist. Es ist keine Frage: Eine dankbare Grundeinstellung steigert definitiv die Lebensqualität.

Dankbarkeit bezogen auf eine aktuelle Situation wie die Corona-Krise kann sich beispielsweise darin zeigen, Maßnahmen und Regeln als Schutz der Menschen zu bewerten und nicht als Schikane. Wir haben die Wahlfreiheit, dankbar dafür zu sein, dass wir in einem Land leben, in dem alle Menschen geschützt werden sollen, ganz gleich ob alt oder jung. Und wer ehrlich ist, muss zugeben, dass wir während der Pandemie zu jeder Zeit die elementaren Freiheiten immer noch hatten. Ich bin dankbar dafür, dass meine Familie gesund geblieben ist und wir nicht von Existenzängsten geplagt wurden. Doch schönreden möchte ich auch nichts – viele Menschen wurden von der Krise hart getroffen. Trotzdem suche ich auch hier lieber Antworten auf die Frage, was man tun und wie man helfen und die Lage verbessern kann, anstatt zu jammern und zu lamentieren.

Es gibt so viele Gründe für Dankbarkeit, und wem es gelingt, all die kleinen Dinge des Lebens aufzuspüren, über die wir uns wertschätzend freuen dürfen, ist ein großer Glückspilz. Die Dankbarkeit habe ich an den Schluss meines Selbstfürsorge-Toolkits gestellt, weil sie ein wirklich ganz besonderes Werkzeug darstellt. In allen Lebensbereichen, in jeder Tätigkeit, jedem Umfeld und jeder Situation blitzt die Dankbarkeit immer zuverlässig als treuer Wegbegleiter auf und ist definitiv ein ganz kraftvoller Glücksgenerator.

Vielleicht erschafft ihr euch auch einmal ganz bewusst euer privates Dankbarkeitsritual? Dazu reicht ein kleines Fünf-Minuten-Zeitfenster, zum Beispiel morgens direkt nach dem Wachwerden oder abends vor dem Einschlafen. Lasst durch eure Gedanken all die Dinge ziehen, für die ihr dankbar seid. Vermutlich kommt ihr wie ich zu dem Ergebnis, dass es sich hierbei um ganz einfache Dinge handelt, die immer präsent sind: eure Familie mit Partner, Kindern und Verwandten, eure Freunde, ein Haustier, das euch begleitet, Gesundheit, ein Dach überm Kopf, genug zu essen, Erlebnisse, die Freude bereitet haben, die Begegnung mit der Natur, ein gutes Gespräch mit einem lieben Menschen, Unterstützung, die ihr bei einer Herausforderung erhalten habt oder ein Lächeln, das euch ein fremder Mensch geschenkt hat – die Liste könnte ich endlos fortführen. Für welche Dinge seid ihr dankbar? Sind es nicht auch unendlich viele? Und ist es nicht ein wunderbares Gefühl, wenn ihr an dieser großen Liste erkennt, wie reich ihr seid?

KAPITEL 3

DIE FREUDE AN FLORA UND FAUNA

3 DIE FREUDE AN FLORA UND FAUNA

n einem der zwölf To-do-Punkte meiner zuvor beschriebenen Selbstfürsorge-Strategie habe ich das Thema Natur ja schon kurz angesprochen. Gerne verweile ich hier aber noch ein wenig bei dem Thema, weil es so wichtig für mich ist. Eine der größten Kraftquellen für den Menschen – davon bin ich überzeugt – ist die Natur. Ein Spaziergang in Wald und Feld gehört für mich zum Leben wie das tägliche Zähneputzen. Dass der Aufenthalt in der Natur den Menschen erdet und in eine gesunde Balance bringt, ist inzwischen ja auch wissenschaftlich erforscht und bewiesen. Es reicht bereits ein kleiner Spaziergang im Grünen, und schon reduziert sich messbar das Stresshormon Cortisol im Körper. Die Stille im Wald und dessen ganz besonderer Duft, das Bild der Wiesen, Bäume, Büsche und Felder – man muss einfach nur rausgehen, um zu spüren, dass da etwas tief in einem geschieht.

In Japan hat man sich die Kräfte des Waldes schon vor längerer Zeit nutzbar gemacht. Dort entstand das sogenannte Waldbaden, das inzwischen auch hierzulande vielen bekannt ist: einfach durch den Wald schlendern, atmen, riechen, schauen, lauschen – und vor allem: dabei nichts tun. Besser kann man Alltagsstress nicht in Ausgeglichenheit, frische Energie und Wohlgefühl umwandeln.

In der Natur finde ich die innere Balance wieder und kann der Hektik des Alltags entfliehen und neue Kräfte tanken. Die ideale Tankstelle sozusagen, ohne dass die Energie die Luft verschmutzt! Probleme können dort bestens entknotet und auf ihre wahre Schwere hin durchleuchtet werden. Für all das ist die Natur der ideale Partner, aber natürlich auch für romantische Spaziergänge, sportliche Wanderungen, gedankenverlorenes Wandeln, staunende Entdeckungspirsch und alle Orte, die ich noch entdecken werde.

Okay, ihr wisst, wie romantisch ich bin, aber die Stille der Wälder, das Flüstern von sich im Wind wiegenden Feldern, der Duft von Gras und Wildblumenwiesen – o, da geht mein Rossi-Herz auf und wird ganz weit. Auch das Fühlen kommt nicht zu kurz. Ihr müsst mal ganz bewusst einen Baum umarmen. Das ist ein Wahnsinnsgefühl! Eure Hände an der Rinde entlanggleiten lassen. Mit Gräsern spielen und euch von ihnen streicheln lassen. Oder Steine anfassen und die verschiedenen Rillen und Erhebungen spüren, das ist jedes

Mal ein großartiges Erlebnis. Und übrigens: Im Regen spazieren gehen soll ja angeblich gut für die Haut sein!

So gehört also auch die Natur unbedingt in meine Gute-Laune-Toolbox. In den sozialen Medien gebe ich regelmäßig Einblicke in meine Erlebnisse in und mit der Natur. Gerne poste ich zwischendurch ein schönes Bild von einem Spaziergang mit meinen Hunden oder auch irgendwelche lustigen Outdoor-Erlebnisse, von denen ich glaube, dass sie den Menschen ein Lachen ins Gesicht zaubern. Mit ein paar schönen Bildern oder Video-Storys von meinen Ausflügen und vom Garten möchte ich die Fans ein bisschen an meinem Alltag im Grünen teilhaben lassen. Dies ist eine kleine und leicht zu verwirklichende Möglichkeit, etwas zu geben. Und Geben macht ja, wie wir ganz zu Beginn bereits festgestellt haben, glücklich.

Ich bereue also überhaupt gar nicht, aufs Land gezogen zu sein. Für mich ist es hier perfekt. Man hört nur das Vogelzwitschern, die spielenden Kinder

Tiere haben mich schon ein Leben lang begleitet.

in den Gärten, das Planschen unserer Koi-Karpfen. Ich empfinde dies als ein riesiges Glück und lebe hier ganz idyllisch mit meiner Familie, unseren Tieren und lieben Nachbarn.

Und da sind wir auch direkt schon wieder beim Thema Dankbarkeit, denn ich bin sehr dankbar für dieses wunderschöne Wohnumfeld. Und ich weiß sehr wohl, dass nicht alle so ein Naturparadies direkt vor ihrer Tür haben. Viele zieht es ja auch mehr in die Stadt, wo es natürlich auch sehr schön sein kann. Momentan kann ich mir jedoch nichts anderes als unser Landleben vorstellen, aber wer weiß schon, was die Zukunft bringt. Ich bin ja Deutscher und Brite, und vor Jahren hatten wir auch mal mit dem Gedanken gespielt, zurück nach England zu gehen. Würde ich jedoch nun vor die Wahl gestellt werden, einen meiner Pässe abgeben zu müssen, dann würde ich den deutschen Pass behalten, auch um da, wo ich lebe, wählen zu können. Zur Wahl gehen zu können, ist ein hohes demokratisches Gut. Jeder sollte es nutzen. Damit kann man sich zum Beispiel für den Erhalt unserer schönen Natur einsetzen.

Ich möchte von meiner Liebe zur Natur auch etwas an Kinder weitergeben. Als Kind lebte ich in England ebenfalls auf dem Land und habe von meinem Papa sehr viel über die Natur gelernt. Über die verschiedenen Pflanzen und Baumarten. Und vor allem, dass man sorgfältig mit der Natur umgehen muss, weil sie unsere Lebensgrundlage ist. Aus meiner eigenen Kindheit weiß ich, wie paradiesisch es für Kinder ist, wenn sie im Grünen spielen können. Steine sammeln, im Moos liegen, an Bächen spielen und Buden bauen – Kinder können hier ihrer Fantasie freien Lauf lassen, und das viel besser als anderswo.

Meine Mutter brachte mir bei, dass man sich vor Tieren nicht fürchten, sondern ihnen gegenüber nur richtig verhalten muss. Als Kind traf ich im Wald einmal auf Wildschweine, die von recht stattlicher Größe waren. Ich erschrak sehr. Tatsächlich kann eine Wildschweindame mit Nachwuchs fuchsteufelswild werden, wenn sie das Gefühl hat, sie müsse ihre Babys vor einer Gefahr schützen. Mama war gar nicht aufgeregt, sie sagte nur, ich solle ganz ruhig bleiben, die Tiere einfach ignorieren und weitergehen. Mein Herz hatte natürlich längst einen riesigen Plumps gemacht und war mittlerweile auf dem

Grund meines Hosenbodens gelandet. Dennoch nahm ich all meinen Mut zusammen, folgte mit wackligen Knien ihrem Rat, und in der Tat – die Wildschweine kümmerten sich gar nicht um uns.

Heutzutage haben die meisten Kinder kaum noch Wissen über das große und fantastische Reich der Natur. Das ist unendlich schade, da wir Menschen eigentlich Teil von ihr sind. Leider wissen und fühlen so viele das überhaupt nicht mehr. Mir ist es wichtig, meine Erfahrungen und mein Wissen über die Natur an meine eigene Familie, aber auch an andere weiterzugeben. Ganz besonders auch meine Liebe zu Tieren, von der ich nun ein wenig erzählen will.

MEIN HERZ FÜR TIERE

Tiere berühren die Seele, jedenfalls ist es bei mir so. Vielleicht, weil ich durch meine Erziehung sehr naturverbunden bin. Mein Papa war ein Mensch, der jedes Tierchen in einer Notlage gerettet hat. Wie ich schon erzählte, waren meine Schwester und ich früher viel draußen und hatten in unserer Kindheit keine elektronischen Spielzeuge zu Hause, keinen Computer, kein Handy, gar nichts dieser Art. Natürlich ist das alles ja auch lange her, die Zeiten ändern sich, und wäre ich heute Kind, dann hätte ich gewiss auch den Zugang zu den neuen elektronischen Medien bekommen. Dies jedoch – davon bin ich absolut überzeugt – hätten meine Eltern früher mit einem gesunden Augenmaß sehr genau dosiert.

Ich bin unglaublich dankbar dafür, dass ich nicht in der heutigen Zeit aufgewachsen bin, sondern in Tuchfühlung mit allem, was die Natur für uns bereithält. Ich wuchs mit zahlreichen Tieren auf, wir hatten Pferde, Hunde, Katzen, Meerschweinchen, Hasen, Wüstenrennmäuse – das alles gehörte zu unserem Leben. Und im Gegensatz zu vielen Kindern, die heute ein Tier bekommen, nach kurzer Zeit das Interesse und die Lust an ihm verlieren und es vernachlässigen, habe ich mich wirklich konsequent um unsere Tiere gekümmert, selbst als unsere Rennmäuse unzählige Kinder bekamen. Meine Mutter hatte gedacht, es seien zwei Weibchen, doch das war ein großer Irrtum, und

so wurden wir recht bald mit einer großen Rennmäusekinderschar beglückt, der ich insgesamt acht Gehege baute und die sich täglich über meine Fürsorge freuen durfte.

Tiere waren mir nie egal. Bei uns war der Umgang mit ihnen aber auch anders, wir haben unsere Verantwortung für die Tiere richtig gelebt. Auch ich habe den Stall ausgemistet, obwohl das Pferd meiner Mutter gehörte. Es war für mich selbstverständlich.

Wir waren früher so oft es ging mit der Familie in der Natur unterwegs, haben viel zusammen unternommen und auch immer wieder Tiere gerettet. So haben wir zum Beispiel Vögel aufgenommen, die wir im Wald fanden, nachdem sie aus dem Nest gefallen waren. Oder wir haben Vögel gesund gepflegt, die versehentlich gegen unsere Fensterscheibe geflogen waren. In unserer Nähe gab es zudem einen tollen Tierarzt, der uns mit Rat und Tat zur Seite stand. Waren die Tiere gesund, entließen wir sie wieder in die Freiheit. Sie in Gefangenschaft zu halten, wäre mir nie in den Sinn gekommen.

Kleine Kinder fügen Tieren oft unbewusst Leid zu. Das kann damit zu tun haben, dass sie beim Spielen über das Ziel hinausschießen oder den Tieren besonders viel Liebe entgegenbringen wollen, aber noch nicht wissen, wie man diese richtig dosiert. Kleine Kinder brauchen eine Weile, bis sie begreifen, dass man Tiere schützen muss und ihnen nicht wehtun darf. Gerade auch bei Insekten und Würmern haben die Kleinen zuweilen eine Experimentierfreudigkeit, die für die armen Tierchen nicht die schönsten Konsequenzen hat. Ich kann mich selbst nicht mehr an Situationen in meiner Kleinkindzeit erinnern, wo ich möglicherweise aus Regenwürmern Geschnetzeltes machte. Sicher aber ist, dass meine Eltern in meiner Erziehung einen guten Job gemacht haben und definitiv immer wachsam eingegriffen und erklärt haben, warum dieser oder jener Umgang mit einem Tier auf gar keinen Fall geht. Die meisten Kinder verstehen das und lernen schnell, behutsam mit Tieren umzugehen.

Außer Hunden, die wir schon seit Jahren in unserem Leben haben, gibt es bei uns heute über 200 Fische in einem großen Teich, den wir regelmäßig säubern und mit genügend Sauerstoff versorgen, sodass die Fische sich wohlfühlen und vermehren können. Mittlerweile haben sich dort auch drei wilde Schlangen häuslich eingerichtet. Ich liebe es, sie zu beobachten. Und dann natürlich nicht zu vergessen, unsere Frösche und die zahlreichen Vögel und Insekten, die sich an unserem Garten laben und sich dort heimisch fühlen.

ABSCHIED VON INCA

Als ich mit diesem Buch begann, hatte ich noch zwei Hunde: meine beiden Damen Aura und Inca. Für die blinde und taube Inca war es der letzte Frühling, den sie mit ihren 14 Lebensjahren und drei Zähnen mit mir gemeinsam bei Spaziergängen im Wald erleben sollte. Wenngleich sie nichts mehr hören konnte, richteten sich ihre Ohren trotzdem immer noch auf, wenn Geräusche vernehmbar waren. Ich glaube, es hing mit dem Wind zusammen, manchmal hatte ich den Eindruck, sie fühlte mit den Ohren und bewegte sie entsprechend in die jeweilige Richtung. Gut ausgeprägt war dafür ihr Geruchssinn. Sie roch mich und wusste daher immer genau, wo ich war. Näherte ich mich ihr von hinten und berührte sie, war sie stets friedlich und hat nie geschnappt. Doch wehe, jemand anderes tat dies, dann schnappte sie sofort zu. Sie merkte, ob ich es war oder eine fremde Person. Oft beschäftigten wir uns zwischendurch natürlich mit dem Gedanken, sie bald einschläfern zu lassen. Auch meine Mutter war für mich eine gute Gesprächspartnerin und unterstützte mich in dem Gedanken, nicht das letzte Stück Leben aus Inca herauszupressen, wenn klar würde, dass es ihr wirklich nicht gut geht. Es fiel mir schwer, den richtigen Augenblick zu erkennen, wann es Zeit für den Abschied war. Doch auch das gehört zur Verantwortung für ein Tier, das man in sein Leben nimmt. Irgendwann muss man es loslassen.

Und dann kam dieser Tag des Loslassens. Viele meiner Fans bekamen in den sozialen Medien natürlich mit, dass wir Inca verloren hatten, denn ich hatte das Bedürfnis, meinen Verlust und meine Gefühle mitzuteilen. Ich habe mir in dieser Zeit so viele Gedanken gemacht, was das Richtige ist, und auch später, als sie längst die Reise in den Hundehimmel angetreten hatte, war ich mir nicht sicher, ob ich sie nicht vielleicht doch am Ende gequält hatte, nur weil ich nicht wollte, dass sie uns verlässt. Hatte ich sie am Leben gehalten, obwohl sie vielleicht schon viel früher hätte gehen müssen? Es ist mir zweifellos sagenhaft schwergefallen, Abschied zu nehmen.

Dennoch war es unserer Inca in ihren letzten drei Wochen ziemlich schlecht gegangen. Sie kippte immer um oder kam manchmal nicht aus dem Bett, weil sie keine Energie mehr hatte. Dann gab es wiederum Tage, da konnten wir plötzlich wieder lange und ohne Probleme spazieren gehen und alles war gut. Und ich dachte, okay, sie ist wieder recht fit. Plötzlich aber hatte sie bei einem Spaziergang einen epileptischen Anfall, fiel auf den Rücken, konnte nicht mehr aufstehen, und den Rest des Weges trug ich sie nach Hause. Paul und ich haben bitterlich geweint. Und in diesem Moment merkte ich wirklich, wie Inca mich ansah und bat: Erlöse mich. Lass mich jetzt bitte gehen. Sie war 14,5 Jahre alt. Sie hatte ein tolles Leben, was viele Leute bestätigten, um mich zu unterstützen. Dafür war ich unendlich dankbar.

Inca hat wirklich für einen so kleinen reinrassigen Hund – sie war genau wie Aura ein English Toy Terrier – viel länger gelebt als alle ihre Schwestern und ihre Mutter, die sehr viel früher gestorben sind. Was das betrifft, haben wir natürlich etwas Tolles hinbekommen, dass Inca so viele Jahre fit und gesund war. Was es am Ende auch so schwer macht, ist, dass man sein Tier nicht fragen kann: *Wie geht es dir? Willst du erlöst werden? Bist du bereit?* Diese Unsicherheit hat mich sehr belastet.

Als schließlich die Tierärztin zu uns kam, konnte ich erneut die Tränen nicht zurückhalten. Wieder weinte ich bitterlich, es war für mich ein sehr schlimmer Moment. Ich hielt sie in meinem Arm, als sie die erste Spritze zur Beruhigung bekam, sie schaute mich noch kurz an, mir kam es vor, als spür-

Meine süße Inca: Keinen Tag mit dir möchte ich missen!

te sie die nahende Erlösung und verabschiedete sich mit ihrem Blick. Wenn sonst die Tierärztin kam, gab es immer Probleme. Inca biss dann zu und ließ die Ärztin sie nicht behandeln, es war ganz schlimm. Nun aber war sie so schwach, dass sie sich nicht wehrte und schon mit der ersten Spritze starb. Die zweite Spritze direkt ins Herz besiegelte ihre Erlösung also eigentlich nur noch als doppelte Absicherung.

Doch als wollte Inca uns nicht nur mit einem weinenden, sondern auch einem lachenden Auge zurücklassen, hielt sie sich in den letzten Minuten ihres Lebens noch an eine lustige Tradition, die wir mit ihr eigentlich bei jedem Tierarztbesuch in der Vergangenheit erlebt hatten. Früher hat sie es nämlich bei keinem einzigen Tierarztbesuch versäumt, den Behandlungstisch so richtig ausgiebig mit ihrem großen Geschäft zu versehen. Das war wie eine Waffe. Sie ließ es raus mit einem kräftigen Stoß, und jedes Mal waren beide – die Ärztin und die Helferin – voll mit Incas Hinterlassenschaft. Mich hat sie immer verschont, da ihr Kopf dabei stets in meine Richtung zeigte. Als die Ärztin und die Helferin dieses Mal kamen, um Inca endgültig zu erlösen, brachten sie vorsorglich schon ein riesengroßes Handtuch mit. Und ich glaube, das war dann Incas Art der Verabschiedung – noch ein letztes Mal alles rausschießen. Sie nutzte die Gelegenheit, als die Ärztin sie hochhob, bündelte ihre letzten Kräfte und verpasste beiden eine stramme Abschiedsladung. Dieser heitere Moment zerriss für einen Augenblick unseren Schmerz und unser Weinen. Wir alle mussten wirklich richtig lachen, es ist ein Bild, das ich nie vergessen werde. Dieser Blick unserer Tierärztin, der einfach sagte: Scheiße, sie hat es wieder hinbekommen! – Und das war ihr Abgang. Der letzte zielsichere Schiss. Die Spritze der Erlösung. Der Abschied. Ich bin heute sicher, unser Hund hatte das letzte Lachen.

VON DEN TIEREN LERNEN

Auch dieses Erlebnis zeigt beispielhaft, wie ich mit belastenden Ereignissen umgehe, um möglichst schnell wieder in meine Mitte zu kommen. Auf der

TIERE KÖNNEN NICHT REDEN. SIE BRAUCHEN EINEN FÜRSPRECHER.

einen Seite lasse ich Trauer und Tränen zu, was gut ist, da es befreit und dabei hilft, die Situation zu verarbeiten. Und auf der anderen Seite reflektiere ich viel und ziehe alles Positive aus der jeweiligen Lage. Zum Beispiel dankbar dafür zu sein, dass Inca ein so unglaublich langes und gutes Leben hatte. Natürlich werde ich sie immer wieder vermissen – genau wie unseren letzten Hund Skylla, die ebenfalls unser Ein und Alles war. Doch wenn ich an Inca denke, fällt mir so viel Schönes ein, an das ich mich erinnern kann. An so viele Orte hat sie uns begleitet, so vieles hat sie miterlebt. Und ich erinnere mich an sie als ganz tolle Begleiterin, die immer für mich da war.

Besonders positiv ist auch die Erkenntnis, dass ich von meinen Hunden wahnsinnig viel gelernt habe. Meine Hunde waren nämlich immer das beste Beispiel der positiven Weltbetrachtung. Immer waren sie gut drauf, immer gut gelaunt. Und wenn ich nach einem harten Tag nach Hause kam, war eines garantiert: Sie freuten sich, mich zu sehen. Sie sprangen an mir hoch, hüpften um mich herum, wollten auf den Arm genommen werden. Und hatte ich einen schlechten Tag gehabt, so war spätestens dann alles wieder gut. Vielleicht klingt es komisch, wenn ich sage, dass ich auch gerne so sein möchte wie meine Hunde und dass sie mir auch oft als Vorbild dienen. Und zwar insofern, dass auch ich den Menschen das Gefühl geben möchte, dass sie gebraucht werden. Ich möchte zeigen, dass ich mich freue, wenn ich sie sehe. Egal, ob das nun meine Fans, Familie, Verwandte und Freunde sind oder wer auch immer. Diese Menschen sollen merken, dass sie mir sehr viel bedeuten. Ich habe immer noch dieses Bild in meiner Erinnerung, wie Inca und Skylla mich begrüßten, als sie noch lebten. Wie sie sich gefreut haben. Das werde ich nie vergessen. Wir Menschen können uns so etwas zum Vorbild nehmen und uns auch mehr auf- und miteinander freuen.

Aura, die wir nun noch übrig haben, ist genauso. Sie freut sich über alles, sie springt hoch, wenn sie mich sieht, sie weint vor Freude, und das ist so schön. Auch das ist ein Impuls für mich, immer alles positiv zu sehen – so wie meine Hunde will ich es machen. Nun haben wir Inca zu Skylla in den Garten unter den Baum gelegt. Die zwei Schwestern sind wieder zusammen im Hundehimmel. Das beruhigt mich, wenn ich traurig bin. Mein Papa hat die beiden Hunde auch sehr geliebt. Und manchmal verliere ich mich in meinen Träumen und meiner Fantasie, und dann sehe ich sie zu dritt ganz woanders an einem lichten Ort gemeinsam Spaziergänge unternehmen.

Ich habe in meinem Leben immer mit Tieren gelebt. Bevor Inca starb, hatte Paul gesagt, dass er, wenn die beiden Hunde mal nicht mehr sind, eine Weile ohne Tiere leben wolle. Ich weiß nicht, ob ich das kann. Auch wenn ich die Fische dann ja noch haben würde. Wir schauen einfach. Und es kann sich ja auch alles ändern, denn unsere Aura ist noch jung, sie ist gerade erst sechs Jahre alt geworden. Und wer weiß, was kommt.

TIEREN EINE STIMME GEBEN

Doch auch für alle anderen Tiere dieser Erde schlägt mein Herz, und vielerorts brauchen Tiere eine Stimme, die für sie spricht. Ich verstehe sehr vieles nicht, was Menschen mit Tieren machen. Zum Beispiel diese seltsame jährliche Prozedur in China, wo viele Hunde nicht nur geschlachtet und gegessen, sondern zuvor auch ganz schrecklich gequält werden. So etwas finde ich unbegreiflich. Eine solche Sache ist für mich auch nicht mit „Tradition" zu rechtfertigen, denn es handelt sich schließlich um Lebewesen mit Gefühlen. Ein lebendes Tier – man kann nicht einfach einem lebenden Tier die Haut abreißen und sogar gleichzeitig verbrennen! Ich bin wirklich absolut perplex angesichts solcher Machenschaften, das ist einfach nur bösartig. Das sind böse Menschen, die so was tun. Wegen solcher Dinge setze ich mich hier in Deutschland sehr viel für Tiere ein. Denn Tiere können nicht reden. Sie brauchen einen Fürsprecher. Tiere ertragen ihren Schmerz still. Es macht mich immer so traurig, diese Bilder von den Hunden aus China zu sehen.

Ich lehne Fleischverzehr nicht grundsätzlich ab und sage auch nicht, dass man überhaupt kein Fleisch essen darf. Fressen und Gefressenwerden gehören ja zum Zyklus des Lebens, und man dürfte zu Recht an meinem Geisteszustand zweifeln, wenn ich meinen Hund nur noch vegan ernähren würde. Doch wir Menschen haben vollkommen das Maß dafür verloren, was wir zum Leben wirklich brauchen und was gut für uns ist. Ich esse daher auch sehr bewusst und viel weniger Fleisch. Ich möchte nicht der Grund dafür sein, dass Kühe, Schweine oder andere Tiere weiterhin so schrecklich in Massenställen gehalten werden und ein furchtbar trostloses Leben führen. Ich lebe nicht vegan, aber achte sehr darauf, was ich esse. Wir essen beispielsweise nur bio. Wir wissen somit, dass die Tiere, deren Fleisch wir essen, zuvor ein artgerechtes gutes Leben hatten, sie konnten unter freiem Himmel laufen, ohne zusammengepfercht in Ställen und Käfigen eine qualvolle Mast zu erleiden.

Und bio muss nicht unbedingt teurer sein, ein Argument, das ja immer wieder angeführt wird. Wenn man bewusster und nicht jeden Tag Fleisch isst, geht das sehr wohl auch mit einem kleinen Geldbeutel. Ich habe sehr viele Menschen in meinem Freundes- und Bekanntenkreis, die nicht viel Geld verdienen, aber bei der Ernährung keine Kompromisse machen und es problemlos schaffen, mit entsprechender Organisation nur biologische Lebensmittel zu kaufen.

Ich glaube, dass Menschen all dies nur wirklich verstehen, wenn sie tierlieb sind. Manche Leute kämpfen immer dafür, dass alle Veganer sein sollen. Das halte ich für Blödsinn, und es wird und muss auch gar nicht passieren. Doch wir können problemlos die Art und Weise beeinflussen, wie Tiere behandelt werden. All diese ganzen Extrempositionen, wenn Veganer sich auf Fleischesser stürzen und sie massiv verurteilen oder wenn Fleischesser sich über Veganer und Vegetarier lustig machen und sich mit Fleisch vollstopfen, das alles verstehe ich nicht.

Tiere zu schützen, ist so fundamental wichtig für mich. Natürlich weiß auch ich, dass freie Tiere in der Natur grausam sind und das Prinzip Fressen und Gefressenwerden zu ihrem Leben ganz selbstverständlich dazugehört. Hunde haben zum Beispiel noch aus ihren alten wilden Tagen etwas bis heute beibehalten: Wenn sie verletzt sind und Schmerzen haben, versuchen sie dies zu verstecken und ziehen sich zurück. Verletzt zu sein, bedeutet in der freien Wildbahn oft den Todesstoß, weil man dann zur leichten Beute für andere wird. Deshalb braucht man eine gute Beziehung zu seinem Hund, muss empfindsam sein für sein Wesen und spüren, wie es ihm wirklich geht.

Tierschutz bedeutet für mich, Mitglied in einem Verein zu sein oder einen Verein zu fördern und diese so wertvolle Arbeit mit Geld- oder Sachspenden zu unterstützen, aber auch, mit offenen Augen durchs Leben zu laufen und einzuschreiten, wenn man sieht, wie ein Tier gequält wird. Übrigens kann man Tiere auch mit zu viel angeblicher Liebe quälen, wie zum Beispiel Hunde mit Kuchen vollzustopfen oder sie völlig zu vermenschlichen. Schokolade beispielsweise ist für Hunde sehr gefährlich und kann schnell zum tödlichen Verhängnis werden.

Ich unterstütze den Look-Tierschutzverein, der sich hier in Deutschland um in Not geratene Tiere kümmert, aber auch im Ausland aktiv ist. Es gibt sicher noch viele andere gute Vereine, denen man helfen kann. Ich ermuntere euch wirklich, da mal ein wenig im Internet zu stöbern oder vielleicht mal in Tierheimen nachzufragen, wo ihr vielleicht auch etwas Gutes tun könnt.

Gerade was unsere domestizierten Tiere angeht, kann ich es kaum ertragen, wenn ich höre oder lese, wie ein Tier misshandelt oder völlig falsch behandelt wird, zum Beispiel dass Pferde tagelang in einem dunklen Stall stehen gelassen, Hunde, Katzen oder Kleintiere ausgesetzt oder Fische ins Klo geschüttet werden, wenn man keine Lust mehr aufs Aquarium hat. Solche Sachen kann ich tatsächlich kaum aushalten und frage mich dann immer: Was ist los mit solchen Menschen, dass sie so abgestumpft sind und einem Tier dies antun? Also meine Bitte an euch: Haltet die Augen auf, mischt euch ein, versucht zu helfen, wenn ihr seht, einem Tier wird Schlimmes angetan. Gebt den Tieren eine Stimme!

KAPITEL 4

PATIENT ERDE: JEDER EINZELNE ZÄHLT

Doch da ist noch jemand, der unbedingt unsere Stimme benötigt: unser schwer gebeutelter Patient Erde. Man könnte schier verzweifeln, wie achtlos und desinteressiert viele Menschen der Tatsache begegnen, dass sie selbst es sind, die den Planeten, der sie trägt und nährt, immer mehr zerstören. Und mit ihm natürlich auch die Tiere und Pflanzen, die Wälder und Meere, einfach all das Schöne, das die Erde uns schenkt. Man muss kein Wissenschaftler sein, um zu erkennen, was aktuell mit unserer Welt und unserem Klima geschieht und dass der Mensch es ist und niemand sonst, der alles vermüllt und zerstört. Ich kann nicht sagen, ob wir es schaffen werden, unsere Welt für unsere Kinder, Enkel und nachfolgenden Generationen zu erhalten. Aber was ich weiß und sagen kann: Wir müssen es versuchen. Und das, so schnell es geht.

Ich bin zwar nur ein einzelner Mensch, ein kleines und recht unbedeutendes Sandkorn im großen Getriebe. Und doch finde ich, dass auch ein einzelner Mensch viel erreichen kann und sich mit ganzer Kraft für die Umwelt – seine Umwelt – einsetzen und verantwortlich fühlen sollte. Es kann nicht angehen, immer nur andere für alles verantwortlich zu machen.

Oftmals fühlen sich Menschen sicherlich auch überfordert angesichts der vielen Umweltkatastrophen und Berichte dazu, über die man immer wieder liest oder im Fernsehen Nachrichten oder Dokumentationen sieht. Oder sei es, dass man eben auch selbst spürt, dass vieles im Argen liegt, beispielsweise durch die Hitzewellen, die uns jetzt schon seit einigen Jahren begleiten, oder auch die Zunahme von anderen Wetterkatastrophen wie Stürme, Brände und Überflutungen. Diese Überforderung führt bei vielen Menschen zu einer Lähmung und mentalen Kapitulation: *Es ist ohnehin egal, was ich mache. Die Katastrophe lässt sich nicht mehr aufhalten.* Ich habe zwar Verständnis für solche Gedanken, dennoch widersprechen sie völlig meiner Natur. Ich glaube daran, dass Menschen sich grundsätzlich ändern und Dinge positiv beeinflussen können, auch wenn ich natürlich nicht hellsehen kann, ob sie es wirklich tun werden. Dennoch: Eine Kopf-in-den-Sand-Strategie bringt keine Verbesserung, sondern macht es nur noch schlimmer. Ich schaue mir lieber besonnen alles an, sicher mit der Erkenntnis: Okay, es steht nicht gerade gut um unseren schönen Planeten, aber auch mit dem Gedanken: Was kann ich also in meinem direkten Umfeld tun, das unserem fiebernden Patienten guttut.

IM KLEINEN GROSSES TUN

Und darüber hinaus tue ich, was wir Menschen in unserem kleinen Mikrokosmos halt so tun können für unsere Umwelt: Ich verwende wirklich alles, so gut ich kann. Wenn ich zum Beispiel Pakete bekomme, gebrauche ich die Kartons weiter für meinen Online-Shop auf meiner Website. Wenn Leute bei mir etwas bestellen, versende ich die Ware immer in gebrauchten Kartons.

Wenn es um eigene Einkäufe für unseren täglichen Bedarf geht, versuche ich, alles frisch und aus der Region zu kaufen. Ich vermeide Obst und Gemüse in Plastikverpackungen und lege alles, was ich kaufe, offen in meinen Einkaufskorb. Denn auch hier erkennt jeder schnell, der einfach mal bewusst darüber nachdenkt: Man braucht keine Tüten, weder aus Plastik noch aus Papier, aus dem Lebensmittelladen für Obst und Gemüse, wenn man einen eigenen Einkaufskorb dabeihat. Auch beim Einkauf selbst hilft achtsames Überlegen, was man an Lebensmitteln eigentlich wirklich braucht, um keine Lebensmittel zu verschwenden.

POOR PLASTIC PLANET

Das viele Plastik, das uns umgibt, frustriert mich sehr. Natürlich gibt es Bereiche, in denen Kunststoff in der Tat wichtig ist und wo wir ohne ihn schwerlich unsere Gesellschaft am Leben halten können. Man denke hier an die Rolle, die Kunststoff zum Beispiel in der Medizin spielt. Gerade in der Corona-Pandemie konnte man das sehr deutlich sehen: Medizinische Handschuhe, Corona-Tests, Masken oder überhaupt viele lebensnotwendige Materialien und Geräte im Krankenhaus sind aus Kunststoff. Wenn man es bei diesen wirklich wichtigen Dingen beließe, wäre ja alles gut. Mir geht es hier um das Plastik, das sich vermeiden lässt: das Wegwerfplastik wie Einwegflaschen und die ganzen Berge unsinnigen Verpackungsmülls. Wie viele Produkte gibt es, die in gewaltige, fast monströse Plastikverpackungen gehüllt sind, ohne Sinn und Verstand! Es ist an der Zeit, dass wir unsere Haltung dazu kritisch überdenken und überlegen, was wir ändern können, um sorgsamer mit Rohstoffen, Energie und Ressourcen umzugehen.

Natürlich können wir zu Recht beklagen, dass dieses ganze Einwegplastik überhaupt hergestellt wird. Doch ebenso können wir uns dagegen entscheiden, es zu kaufen. Die erste Frage sollte immer lauten: Brauche ich diesen Artikel wirklich? Und wenn es ein wichtiger Artikel des täglichen Bedarfs ist, kann man ihn meistens ohne solch eine aufwendige Verpackung kaufen.

UNNÜTZES LEID DER „NUTZTIERE"

Ein nicht minder wichtiges Thema, das eng verflochten mit dem Zustand unserer lieben Erde ist, sind unsere wertvollen Mitgeschöpfe, die Tiere. Da mir, wie ihr wisst, die Tierwelt unglaublich am Herzen liegt, bedrückt mich der schlimme Umgang mit Tieren, der rund um den Globus ein unendliches Leid erzeugt, sehr. Niemand kann heutzutage beim Einkaufen im Supermarkt noch behaupten, er wisse nicht, wie furchtbar die industrielle Tierhaltung ist. Denn das ist vielleicht der Vorteil der vielfältigen modernen Medien: Sie geben den wichtigen Themen der Welt eine ständige Präsenz, sodass wirklich bei jedem Einzelnen in Bild, Schrift und Ton sämtliche Fakten ankommen, die das peinvolle und trostlose Leben unzähliger Tiere widerspiegeln. Und neben dem Leid, das diese Tiere ertragen, ist die Massenproduktion von Fleisch ja auch ein zentraler Faktor unserer bedrohlichen Erderwärmung. Wie traurig ist es, dass trotz der allseits bekannten Fakten die meisten Menschen noch immer Billigfleisch kaufen. Sie verdrängen die schrecklichen Bilder ganz einfach aus ihrem Kopf und damit die Verbindung

WENN WIR AN DIE **ZUKUNFT** DENKEN, MUSS KLAR SEIN, DASS **WIR ALLE** IM **SELBEN BOOT** SITZEN.

zwischen dem Paket Fleisch im Supermarkt und den gequälten Tieren und erst recht die Verbindung zwischen Fleischkonsum und Klima. Denn gäbe es diese Verbindung, dann hätte sich im Verhalten der Kunden zwangsläufig längst etwas geändert. Ein Freund von mir sagte mal, wir versündigen uns an den Tieren. Besser kann man es nicht ausdrücken. Könnt ihr in eurer kleinen privaten Welt vielleicht etwas ändern und mit dazu beitragen, dass unsere Tiere es besser haben? Da, wo ich kann, setze ich mich auch ein, sei es durch geringeren Fleischkonsum und Einkauf in Bioqualität aus artgerechter Tierhaltung. Jeder kleine Schritt ist wertvoll. Vielleicht packt ihr ja mit an?

ACHTSAM IN HAUS UND GARTEN

Auch in Haus und Garten kann jeder einen kleinen Beitrag leisten und unserer Umwelt Gutes tun. Zum Beispiel beim Kauf neuer Haushaltsgeräte darauf zu achten, dass man gute energieeffiziente Geräte kauft, die wenig Strom verbrauchen. Direkt weiter geht es mit der verantwortungsbewussten Nutzung solcher Geräte: beispielsweise die Spülmaschine einerseits sorgfältig und andererseits auch vollständig befüllen, bevor sie gestartet wird. Genauso die Waschmaschine nur anstellen, wenn sie wirklich gefüllt ist.

Bei meiner Gartenleidenschaft kann es gleich weitergehen mit der Umsetzung umweltfreundlicher Ideen. Im Internet gibt es tolle Nutzgarten-Tipps, von denen ich schon manche ausprobiert habe. Ein eigener Garten ist schließlich nicht nur wunderbar für die Seele, sondern man kann ja auch selbst Obst, Gemüse und Kräuter ziehen. Ein Nutzgärtchen ist als Miniversion durchaus auf einem Balkon möglich. Dafür habe ich ebenfalls im Internet beim Stöbern schon pfiffige Tipps gefunden.

Wer einen Garten hat und in etwas größerem Stil aktiv werden kann, hat natürlich noch mehr Glück und Potenzial. Ganz oben auf der Regelliste steht bei mir die Natürlichkeit des Gartens, sprich keine Gifte, damit mein Garten ein gesundes Biotop für zahlreiche Lebewesen, vor allem Insekten,

sein kann. Schrecklich finde ich beispielsweise Schneckengift. Es tötet nicht nur Schnecken auf ziemlich grausame Weise, sondern ist auch für spielende Kinder, Haustiere und andere wild lebende Tiere und Insekten gefährlich. Ebenso wirksam sind spezielle Schneckenzäune oder Kaffeesatz. Töpfe kann man mit einem Kupferband umschließen, dann wagt sich keine Schnecke hinein. Klug ist es natürlich auch, mit heimischen Igeln zusammenzuarbeiten, auf deren Speiseplan zahlreiche Schnecken und Insekten stehen. Als Gegenleistung wünscht sich der Igel jedoch einen igelfreundlichen Garten, in dem er es sich wirklich gemütlich machen kann. Dazu benötigt der Igel feine Haufen aus Laub, Reisig und totem Holz, in denen er sich verstecken oder sogar wohnen kann.

Auch den Bienen – wusstet ihr, dass die Biene nach Schweinen und Rindern das drittwichtigste Nutztier ist? – kann man im eigenen Garten ein schönes Zuhause erschaffen. Ganz im Trend sind dazu schon seit einigen Jahren die sogenannten Bienenhotels, die man kaufen, aber auch ganz einfach selbst bauen kann. Mit diesen Bienenhotels bietet man den Wildbienen Nisthilfen, die sie in Ermangelung naturbelassener Lebensräume nicht mehr ausreichend vorfinden. Dies wiederum unterstützt den Fortbestand unserer Bienen sehr, damit sie durch die Bestäubung von Obstbäumen, Sträuchern und vielem mehr weiter ihren Beitrag zum Erhalt der Artenvielfalt leisten können.

Etwas sehr Bedeutendes, das ich lange nicht gewusst habe, ist, dass man in seinem Garten keine Erde mit Torf verwenden sollte, da dadurch gigantische Moorflächen zerstört werden, die über Jahrtausende gewachsen sind. Ein eigener Kompost oder Mischungen mit Rindenhumus sind gute und gartengesunde Alternativen.

Die ganze Garten-Achtsamkeit geht sogar bis hin zum Saatgut, woran man vielleicht nicht gleich denkt. Denn schließlich entspringt ein Samenkorn ja einer Pflanze, die bei biologisch erzeugten Saaten eben nicht mit der chemischen Keule aus Pestiziden und Kunstdünger „gepflegt" worden ist bis zur Saatreife. Aber auch wie Zuchtverfahren von ältesten Zeiten bis heute Saaten verändert haben, was beispielsweise sehr zulasten der Artenvielfalt im Pflanzenreich geht, ist ein absolut interessantes Thema. Es führt natürlich zu weit, hier nun in die Tiefe zu gehen, doch da ich ja so ein Naturfan bin, will ich euch unbedingt ermuntern, hier mal ein Auge drauf zu werfen. Es ist spannend und lohnt sich, dazu im Internet ein wenig zu forschen und sich schlauzumachen.

Wer einen Garten hat, sollte unbedingt eine Regenwassertonne aufstellen, um aufgefangenes Regenwasser zum Gießen verwenden zu können. Auch das Gießen selbst kann ein wenig Achtsamkeit vertragen. Wer abends oder am frühen Morgen seine Pflanzen bewässert, tut Erdreich und Pflanzen einen großen Gefallen, denn dann hat das Wasser genug Zeit, in Ruhe in den Boden zu sickern und auch wirklich die Wurzeln der Pflanzen zu erreichen. Sobald der heiße Sommertag da ist, verdunstet Gießwasser sinnlos. Hilfreich ist es auch, in heißen Perioden das Gras nicht ganz kurz abzumähen. Durch die Klimakatastrophe wird Wassermangel ein immer wichtigeres Thema.

VERKEHRTE VERKEHRSWELT

Es wäre natürlich am besten, man bräuchte gar kein Auto, aber das ist für uns auf dem Land leider noch schwer umzusetzen. Wir haben uns immerhin schon verkleinert und fahren jetzt nur noch ein und nicht mehr zwei Autos. Das neue ist zudem ein Hybrid. Doch von einer wirklich optimalen Umweltlösung im Autosektor ist die Welt wohl noch weit entfernt.

Wann immer es passt, fahren wir Fahrrad und machen auch einige Einkäufe mit dem Drahtesel. Für vieles braucht man jedoch leider immer noch ein Auto – gerade auf dem Land, wo leider der öffentliche Nahverkehr kaum Möglichkeiten bietet, um mit dem Bus oder der Bahn Besorgungen zu machen.

Tja, und dann gibt es da noch das Fliegen. Ich benutze natürlich auch Flugzeuge, aber frage mich bewusst, wann ich darauf verzichten kann. Je nachdem, wohin meine Reise geht, überlege ich, ob ich wirklich den Flieger nehmen muss oder ob es nicht doch mit der Bahn oder dem Auto klappt. Ich denke sehr oft darüber nach, wie ich meinen Job und umweltfreundliche Transportmethoden unter einen Hut bekomme.

KAPITEL 5

PAPAS TOD: MEINE SCHLIMMSTE TALFAHRT

5 PAPAS TOD: MEINE SCHLIMMSTE TALFAHRT

Wie tief auch mich Krisen treffen können, in denen ich eine Weile gar nicht mehr der Strahlemann bin, den alle kennen, zeigt der Verlust meines Papas. Es fällt mir sogar heute noch schwer, darüber zu sprechen, obwohl ich natürlich genau das möchte: über ihn sprechen, denn er war wirklich ein toller Mensch, der mich ohne Ende unterstützt hat. Er war jemand, der immer Zeit für mich hatte und mir immer den richtigen Weg gezeigt hat. Ich habe so viel von ihm gelernt. Wie man mit Menschen umgeht – auch mit Menschen, die vielleicht nicht immer nett sind. Es waren all diese Kleinigkeiten. Er hat in meinen Augen niemals im Leben etwas falsch gemacht, er hat sich immer an die Regeln gehalten und trat einen Schritt zurück, um seinen Kindern – meiner Schwester und mir – all diese wertvollen Chancen zu geben. Er hat auf vieles verzichtet, damit wir zur Uni oder auf die Dramaschule gehen konnten. Sehr stolz war er auf uns beide, auf meine Schwester und mich. Und was ganz großartig war: Er hat uns immer bestärkt, wenn wir mutlos waren.

Er bedeutet mir sehr viel, und obwohl nun drei Jahre seit seinem Tod vergangen sind, ist es immer noch sehr schwer für mich, dass er nicht mehr da ist. Früher habe ich ihn dauernd angerufen, wenn ich Hilfe brauchte, und ich fragte ihn, was ich machen soll. Und dann musste ich auf einmal alles selbst entscheiden, ich musste der Mann sein. Bei meinem Papa war ich ja immer der kleine Ross. Auch als ich längst groß war. Doch ebenso hat er immer zu mir gesagt: Du schaffst das alles, du schaffst das wirklich.

Ich erinnere mich noch so genau daran, als meine Mutter mich anrief. „Ich glaube, dein Papa stirbt bald", sagte sie, „kriegst du es hin, nach Hause zu kommen?"

Natürlich machte ich mich gleich auf den Weg. Trotzdem kam ich eine Stunde zu spät. Es hat mich so unglaublich aus der Bahn geworfen. Meine Gedanken kreisten ohne Ende – ich konnte es einfach nicht verstehen, dass er weg war. Das letzte Schlageralbum war doch ihm gewidmet. Und er kannte ja auch schon die ganzen Schlager, die auf dem Album sein würden. Er hatte sich so darauf gefreut. Und nun konnte er das Endprodukt nicht mehr hören.

ICH LIEBE DICH,
WEIL DU MEIN SOHN BIST

Unendlich dankbar war ich auch, dass mein Papa mir nie Vorwürfe gemacht hat, dass ich schwul bin.

„So lange du glücklich bist, so lange du ein schönes Leben hast und das Beste aus deinem Leben machst, ist es doch völlig egal. Ich liebe dich, weil du mein Sohn bist", hat er gesagt.

Ich frage mich oft, ob das wirklich eine so einfache Situation für ihn war. Er war in jungen Jahren Boxer, und man kann sich ja auch vorstellen, dass er dazu vielleicht ganz andere Gedanken hatte. Tatsächlich fiel es ihm immer schwer, über dieses Thema zu sprechen, und es war auch meine Mutter und nicht ich, die ihm die Botschaft, ich sei schwul, überbrachte. Und doch – als er Paul kennenlernte, nahm er ihn in den Arm und sagte:

„Du passt gut auf meinen Jungen auf, nicht?"

Papa, mein großes Vorbild:
Die Zeit mit ihm war immer besonders!

Ich erinnere mich an so viele liebenswerte Kleinigkeiten. Zum Beispiel, als er zunächst überhaupt kein Deutsch verstand und trotzdem alle Shows anschaute, in denen ich mitwirkte. Er konnte sich so begeistern. Als er am Ende wegen seiner Parkinson-Erkrankung nicht mehr viel machen konnte, hat er trotzdem immer noch am PC gesessen und Songs ausgesucht, die ich covern sollte. Und alles, was ich herausgebracht habe, hat er immer als Glücksbringer gekauft.

Einen ganz besonderen Moment werde ich nie vergessen. Ich war mit meiner Ballade „Bewundernswert" bei Florian Silbereisen aufgetreten und meine Eltern durften es miterleben. Ich hatte ein riesiges Orchester hinter mir, und diese Ballade war natürlich meinem Papa gewidmet. Und als ich sang, saß er da und kämpfte mit den Tränen. Ich kann mich nicht erinnern, wann mein Papa sonst jemals geweint hat. Er war immer ein starker Mann. Und nun musste meine Mama die Tränen aus seinem Gesicht wischen. Für mich war es ein großer Moment zu wissen, dass ich meinen Papa wirklich tief in seinem Inneren erreicht hatte.

UND PLÖTZLICH MUSSTE ICH STARK SEIN

Leider verschlechterte sich Papas Gesundheit. Er bekam zu seinem Parkinson auch noch Prostatakrebs. Dennoch glaubten wir zunächst, dass er geheilt werden könnte, doch nach einer anfänglich erfolgreichen Behandlung kam der Krebs sehr aggressiv zurück. Dann ging es sehr schnell und Papa starb innerhalb von zwei Wochen. Durch Papas Krankheit war ich natürlich schon in gewisser Weise darauf vorbereitet, dass ich ihn verlieren könnte. Doch ich habe genauso wie jeder andere in unserer Familie gehofft, dass er noch mehrere Jahre hätte und es nicht so schnell gehen würde. Und als es dann so weit war, da war es für mich wirklich eine Katastrophe. Papa wurde aus unserem Leben gerissen, wirklich herausgerissen, und wir standen zu dritt da – meine Schwester, die verheiratet ist und Kinder hat, meine Mutter und ich – und wir wussten gar nicht, was wir machen sollten. Plötzlich merkte ich, dass ich als Mann die Rolle meines Papas übernehmen musste, indem ich Verantwortung für meine Familie übernahm. Also kümmerte ich mich um meine Schwester und meine Mutter, was mir anfangs half, mit der Situation fertigzuwerden. Es gab ja nun einen Grund für mich, erst einmal nicht selbst zu trauern, weil ich ja Sorge tragen musste und eine Aufgabe hatte. In der ersten Zeit half mir dies über meine eigene Trauer hinweg. Ich sah, wie meine Schwester und meine Mutter richtig trauerten. Und ich war stark für die beiden.

Ich half meiner Mutter, das komplette Haus auszuräumen. Die persönlichen Sachen und Erinnerungen legte meine Mutter in Kisten.

„Du musst das erst mal wegtun", habe ich zu ihr gesagt, „denn wenn du immer die ganzen Sachen von Papa siehst, wird dir das nicht helfen."

So hat sie es gemacht, alles aus dem Blick. Und auch ich habe natürlich daraus gelernt, wie man erst mal zurechtkommt in so einer Situation. Viele schlaflose Nächte hatten wir, weil wir nur geredet haben – meine Mutter, meine Schwester und ich. Ich gab ihnen Kraft, und sie merkten nicht, wie ich langsam in mich zusammensackte. Während ich sie aufbaute, verlor ich selbst an Kraft.

MEIN GROSSER ZUSAMMENBRUCH

Drei Jahre später fiel ich in ein großes Loch, alles hatte sich angestaut, ich hatte die ganze Zeit immer nur funktioniert und es nicht so richtig wahrgenommen. Es ist übrigens, rückblickend betrachtet, gar nicht schlimm, dass ich das so gemacht habe. Ich würde es immer wieder tun, denn ich wollte erst mal für meine Familie da sein. Ich konnte nicht sofort trauern, ich musste es zunächst auf diese Weise verarbeiten.

Natürlich kam der Zusammenbruch auf einmal wie ein Schlag ins Gesicht. Es war eine Situation, wo ich auf der Bühne stand und mir plötzlich in den

Kopf schoss, dass dies hier auf der Bühne etwas war, das mein Papa immer hatte sehen und miterleben wollen: der Erfolg, den ich hatte und zu dem er mir den Weg gezeigt hatte. Er wollte es so gerne miterleben, so oft hatte er das gesagt, als er noch lebte. Und nun stand ich da auf einer Riesenbühne eines großen Open-Air-Festivals, beschenkt mit einem wahnsinnigen Jubel, während ich die Show moderierte und sang – und er war der einzige Mensch, der fehlte. So glücklich ich auch über diese Wahnsinnsshow mit einem wunderbar dankbaren und begeisterten Publikum war, ich konnte es nicht hundertprozentig genießen, weil ich die ganze Zeit an ihn dachte. Und dann brach es richtig aus mir heraus. Ich verließ die Bühne am Ende der Show und rannte heulend in die Garderobe. Eine ganze Stunde weinte ich und konnte mich einfach nicht mehr beruhigen. Paul nahm mich in den Arm und hielt mich fest. Nun war er der Starke, der mich auffing, so wie ich all die Zeit für meine Mutter und meine Schwester da gewesen war. Endlich ließ ich meine eigene Trauer heraus und konnte nun zulassen, in diese Trauer vollständig hineinzugehen, den Schmerz anzunehmen und auszuhalten und nicht sofort wieder zu verdrängen.

Das ist gar nicht einfach, aber der einzig richtige Weg, um wirklich trauern und somit den Verlust verarbeiten zu können. Natürlich war Paul eine riesige Stütze, weil er wunderbar damit umgehen konnte, mich jetzt mal eine Zeit als schwach und traurig zu erleben. Das ist eben auch ein Teil von Ross. In der Zeit habe ich mich noch mehr in der Natur aufgehalten und auch immer wieder ganz plötzlich geweint, so als würde ich überhaupt erst jetzt nach drei Jahren verstehen, dass mein Papa tot ist und nie mehr wiederkommen wird. Aber allmählich, ganz allmählich merkte ich, dass es weniger schmerzhaft wurde, an ihn zu denken, dass mir nicht mehr die kalte Hand ans Herz fasste. Ja, und dann konnte ich langsam anfangen, aus meinem Loch ganz behutsam wieder emporzukrabbeln. Von diesem Augenblick an wurde es schrittweise besser.

Vielleicht fragt ihr euch, warum es mir so schlecht ging, weil doch der Tod der Eltern letztlich etwas Natürliches ist und wir alle irgendwann damit konfrontiert werden. Und auch wenn es sehr traurig ist, so ist es ja zugleich der normale Lauf der Dinge. Mein Papa war in meinem Leben eben immer dieser zentrale Stützpunkt gewesen, der Fels in der Brandung. Ich glaube, für einen Moment hatte ich die Orientierung vollkommen verloren, und es war nun mal für mich ein Gefühl, als wankte der Boden unter mir. Es war, als müsste ich erst wieder lernen, dass ich mein Leben auch ohne ihn meistern kann und Freude daran haben werde. Bevor er starb, sagte Papa zu mir:

„Sei immer, wie du bist. Versuche nicht, dich zu ändern, nur um anderen zu gefallen oder ein anderer Ross zu sein als der, der du bist. Wenn du auf der Bühne lustig sein willst, dann sei lustig. Wenn du dich veräppeln willst, dann mach es. Es wird immer Menschen geben, die sich daran stoßen und etwas daran auszusetzen haben. Bleibe dir treu, folge deinem Gefühl, sei du selbst, liebe dich, nur so kannst du auch andere lieben."

WENN ICH NICHT MEHR DA BIN ...

Ich war die ganze Zeit so stark gewesen für meine Familie, und rückblickend frage ich mich manchmal heute noch, wie ich das eigentlich geschafft habe. Ich glaube, in solchen Situationen funktioniert man einfach.

Eigentlich hatte ich ja bei meinem Papa sein wollen, bevor er starb, doch mein Flugzeug hatte Verspätung, und so kam ich in England an, als mir der Bestattungswagen bereits entgegenkam. Ich sah nur noch das leere aufgeschlagene Bett, in dem er gestorben war. Meine liebe Mutter war ein bisschen froh, dass ich zu spät kam, denn sie wollte mir den Anblick des toten Papas ersparen. Ich sollte ihn so in Erinnerung behalten, wie ich ihn mein Leben lang gekannt und erlebt hatte: lebendig, zugewandt und voller Wärme.

Ich erinnere mich an Papas Beerdigung, als ich ein Gedicht vorlesen musste, das meine Mutter ausgesucht hatte. Ich glaube fast, es war der heftigste Moment in meinem Leben, denn alle Freunde und die Familie waren da und es war mucksmäuschenstill in der Kirche. Es war so unglaublich still, und ich las dieses Gedicht vor, das aus Papas Perspektive sagte:

Wenn ich nicht mehr da bin, seid nicht traurig. Denn ich bin noch da, in euch allen, die mein Leben prägten und deren Leben ich berührte.

Es war so wunderschön. Und ich konnte niemandem in die Augen sehen, während ich die Worte vortrug, und als ich schließlich hochschaute, war es immer noch still, alle waren sichtlich gerührt. Niemand weinte laut, doch alle 150 Trauergäste, die in dieser kleinen Kirche versammelt waren, hatten wirklich Tränen in den Augen. Es war ein ganz unglaublich schöner Moment. Mein Papa hat durch dieses Gedicht und durch mich all diese Menschen in diesem Moment wirklich erreicht.

Wir leben Schlager! Mit meinen wundervollen Eltern 2015.

PAPA HAT DAS LETZTE LACHEN

Als die Messe vorbei war und die Beisetzung begann, drückte mein verstorbener Papa der Abschiedszeremonie dann noch gekonnt den unvergleichlichen Stempel seines einzigartigen Humors auf. Schon zu Lebzeiten wollte mein Papa immer das letzte Lachen haben. Und nun schien es so, als hätte er dies auch gezielt für sein Begräbnis so geplant. Papa hatte meiner Mutter schon frühzeitig erklärt, wie er es sich denn in seinem Sarg einrichten wolle, wenn seine Zeit gekommen sei. In seiner Golfkleidung beerdigt zu werden, mit ein paar Golfschlägern im Sarg, das war eine Vorstellung, die ihm gut gefiel. Und so kleidete Mutter ihn schön in seine Golfkluft, zog ihm seine Golfschuhe an, legte seine komplette Golftasche in den Sarg mit Schlägern und all dem ganzen Equipment, dazu noch unzählige andere Erinnerungsstücke wie alte Uhren, zehn Steine von ihrem ersten Date mit Papa, als er diese Steine vom Strand für sie aufgehoben hatte, und noch zahlreiche andere Dinge füllte sie in den Sarg. Am Ende war der Sarg so schwer, als würde ein riesiger Elefant drin liegen …

Die sechs Jungs, die nach der Messe als Sargträger Papa zum Grab bringen sollten, stöhnten auf. Der Sarg war ja kaum hochzuheben. Fragend blickten sie in Mutters Richtung.

Verdammt, was hast du hier drin?!

Sie übten sich in Contenance, spannten jedweden verfügbaren Muskel ihrer kernigen jungen Körper an und schleppten den Sarg Richtung Ausgang der Kirche. Wie durch ein Nadelöhr quetschten sich die tapferen Träger mit Papa durch die enge Türöffnung nach draußen. Und dann passierte irgendwie das Unvermeidliche. Papa kippte zur Seite und der Sarg fiel. Bei all meiner Trauer gab mir dies ein wunderbares und warmes Gefühl der Heiterkeit. Das war durch und durch Papa! Als hätte er diese kleinen Episoden für seinen letzten Weg tatsächlich selbst so inszeniert. Ich schaute meine Schwester an und grinste:

„Ich hab dir gesagt, Papa wird immer den letzten Lacher haben."

Als die Jungs den Sarg wieder hochgewuchtet hatten und aus der Kirche ins Freie kamen, bekam die Komik noch ein i-Tüpfelchen. Das edle Tuch der schwarzen Anzüge der Sargträger war an einer Seite komplett weiß, so stark waren die jungen Männer in dem schmalen Gang auf dem Weg nach draußen gegen die Kirchenwand gedrückt worden. Und um weitere Pannen zu vermeiden, stockten wir die Trägermannschaft um weitere sechs Männer auf, sodass schließlich sage und schreibe zwölf Sargträger den Sarg hoch zum Grab trugen. Man bedenke, in der Regel sind es vier bis sechs Leute, die diese Aufgabe durchführen.

Mutter versank vor Scham beinahe mit Papa zusammen im Erdreich.

„O mein Gott, ich hab so viele Sachen reingetan", flüsterte sie mir mit zerknirschtem Blick zu. „Vielleicht hätte der Blumenstrauß gereicht?"

„Wofür braucht Papa im Sarg denn einen Blumenstrauß?", fragte ich Mutter amüsiert.

„Ja, weil er doch die Natur so liebte, und vielleicht werden daraus auf dem Grab neue Blumen. Und dann kommen aus Papa Blumen", überlegte sie laut.

ROTER ADMIRAL – DIE SEELE IST UNTERWEGS

Auch wenn ich bezweifelte, dass dies passieren würde, Mutters Idee gefiel mir. Und vielleicht war ja was dran. Ich erinnerte mich an unseren kleinen Hund Skylla, den wir im Garten begraben haben, als er gestorben war. Das Stück Wiese unter dem Baum ist seitdem viel grüner als der Rest der Wiese. Es ist, als gäbe unser kleiner Hund alles Leben und alle Energie wieder an die Welt zurück. Und auch wenn man nicht weiß, ob das alles stimmt, so ist es doch ein wunderschöner Gedanke, dass es bei Papa genauso sein könnte. Es gibt ja wirklich so viele Dinge voller Magie. Auch dazu gehört der Rote Admiral, der aus Papas Grab emporflog, als der Sarg in die Tiefe gelassen wurde. Alle standen staunend da, weil jeder schließlich wusste, wie sehr Papa Schmetterlinge geliebt hatte.

„Da ist er!", sagte Mutter leise. „Da fliegt er weg. Nichts mehr drin. Die Seele ist unterwegs."

Für meine Mutter war dieser Augenblick eine riesige Erleichterung. Papa hatte sich verabschiedet und nur seine Hülle war zurückgeblieben. Seine Hülle mit einer kompletten Golfausrüstung. Und mit ungewöhnlich vielen anderen materiellen Dingen seines irdischen Lebens …

Ein bisschen glaube ich auch, dass irgendwas bleibt. Die einen sagen, wenn wir tot sind, dann ist dies das Ende. Wir sind nicht mehr. Und nichts bleibt. Andere sagen, die Seele überdauert alles. Ich frage mich oft, ob das so ist und was das genau ist, das übrig bleibt. Der Körper des Toten verschwindet im Kreislauf der Natur, das ist klar. Aber irgendwas besteht doch weiter. Eine Art Energie, die bleibt. Auch in mir drin lebt ein Teil von Papa weiter. Seine Achtsamkeit zum Beispiel. Ich nehme immer zwei Läppchen Toilettenpapier. Das hat mein Papa auch immer gemacht. Einfach, um bewusst zu machen: Wir brauchen nicht mehr. Zwei. Manchmal vielleicht noch mal zwei. Ganz selten mal mehr. Aber nie gleich ein ganzes Knäuel, das sinnlos in der Kanalisation landet. Er war so achtsam. Nie hat er einfach Wasser laufen lassen. Mein Papa hat mit Sorgfalt geschaut, ob irgendetwas vielleicht noch verwendbar war. Wir haben als Kinder Sachen gebastelt aus Dingen, die er gesammelt hatte: alte Holzstücke, Klopapierrollen. Mein Papa war einfach ein ganz besonderer Mensch.

Ich bin total stolz, dass ich den Ehering meines Papas trage. Ich trage ihn über meinem Ehering, was ein wundervolles Gefühl ist. Dieser Ring geht bis zu meinem Opa zurück, der ihn damals meinem Papa vererbte und nun trage ich ihn und werde ihn dann, wenn es so weit ist, auch weitergeben.

Um meine Mutter kümmere ich mich natürlich weiter und sie sich um mich. Sie ist eine tolle Frau! Sie versucht auch, mit ihrem neuen Leben ohne Papa zurechtzukommen. Es ist ein Auf und Ab, sie versucht, alles gut zu machen, doch sie ist natürlich trotzdem oft noch traurig. Es ist sehr wichtig, dass sie einen guten Freundeskreis hat und ansonsten kerngesund ist, außer dem Rheuma, was sie netterweise auch mir vererbt hat. Leider fängt es jetzt an, dass viele Freunde meiner Mutter sterben. Die meisten sind über 80, und ich hoffe sehr, dass sie nicht die letzte Überlebende sein wird, sondern einige ihrer engen Freunde mit ihr zusammen noch lange leben. Immer wenn sie anruft, fürchte ich, dass sie mir berichtet, es sei wieder jemand aus ihrem Freundeskreis gestorben. Ansonsten ist sie sehr aktiv, spielt Golf, auch manchmal mit mir – ich suche dann eher Bälle –, sie geht ins Kino oder mit Freunden ins Restaurant. Ich bin sehr dankbar dafür, dass es meiner Mama so gut geht.

UND DANN KOMMEN AUS PAPAS GRAB NEUE BLUMEN.

KAPITEL 6

FAMILIE: MEINE STÄRKSTEN WURZELN

Einiges habe ich nun schon erzählt von meinen Eltern, von meiner Familie, in der ich Kind war. Ganz besonders betont habe ich mehrfach, dass ich wahnsinnig viel von meinen Eltern gelernt habe. So viel haben sie meiner Schwester und mir beigebracht. Respektvoll mit Menschen umzugehen, Verständnis zu haben, zum Beispiel auch hinsichtlich Religion, dass nicht alle Menschen den gleichen Glauben haben müssen und dass den Menschen ganz unterschiedliche Dinge wichtig sind. Und sie haben alles für uns getan. Sie haben unsere Kindheit mit so tollen Sachen gefüllt – sei es Tennis, Golf, Schwimmen, Reiten. Rollerblade-Discos haben wir gemacht. Nie haben sie Türen vor uns verschlossen, sondern sämtliche Wege geöffnet, damit wir alles ausprobieren konnten.

Ich glaube, das gehört auch zu den Gründen, warum ich so ein glücklicher und positiver Mensch bin. Denn mir wurden nie Steine in den Weg gelegt. Egal, für was ich mich entschieden habe – meine Eltern standen immer hundertprozentig hinter mir und meiner Schwester. Als ich zur Dramaschule ging, hatte ich für die Hälfte der Kosten ein Stipendium bekommen, doch den Rest musste mein Papa bezahlen. Und er hat wirklich drei Jahre lang für mich das Geld bezahlt. Meine Eltern haben auf ihren Urlaub verzichtet, nur damit sie meine Rechnungen bezahlen konnten. Wenn man so tolle Eltern hat, geht man selbst auch ganz anders mit anderen Menschen um, denke ich. Man gibt Menschen dann immer eine zweite Chance. Oder eine dritte und vierte. Man hat einfach mehr Geduld mit anderen Menschen. Und ich weiß, dass mein Papa „da oben" ist, runterguckt und sehr stolz auf mich ist. Ich habe das Gefühl, dass ein Teil von ihm in mir drin ist, und ich versuche, immer das zu machen, was er früher gemacht hat, weil er für mich einfach ein fantastisches Vorbild und ein großartiger Mensch war. Doch auch meine Mutter: Was sie heute mit ihren 78 Jahren immer noch auf die Reihe bekommt und wie sie mit Menschen umgeht, wie respektvoll sie ist, das ist einfach nur wunderschön. Es ist sonnenklar, ohne meine Familie hätte ich dieses wunderbare Leben so nicht gehabt. Und ohne sie wäre ich jetzt nicht der, der ich bin.

Ich erinnere mich, als ich in meiner Jugend einmal im Jahr mit Kindern unterwegs war, die unter körperlichen und geistigen Einschränkungen litten, und zwei Wochen Urlaub mit ihnen verbrachte. Zwei andere Schulfreunde und ich, wir hatten dann immer zwei Kinder, auf die wir aufpassen mussten. Wir haben alles Mögliche gemeinsam mit ihnen gemacht, ob das nun Rafting, Canoeing oder andere tolle Sportarten waren. Da konnte ich nicht nur viel selbst ausprobieren, sondern lernte auch Wertvolles durch die Verantwortung, die ich für die Kinder hatte. Diese Zeit habe ich genossen und sie hat mich ebenfalls positiv geprägt. So kam es, dass ich schon in meinen jungen Jahren sehr reif war, obwohl ich zugleich auch Kind geblieben bin.

Verantwortung zu übernehmen, fand ich toll, es machte mich einerseits stolz und andererseits habe ich das Lächeln in den Gesichtern der mir anvertrauten Kinder geliebt nach den Wochen, die wir gemeinsam erlebt hatten. Sie waren so glücklich. Keine Frage, dass auch diese Erlebnisse mein positives Denken und Fühlen geprägt haben, weil mir eindringlich klar wurde, wie gut ich es selbst im Vergleich zu manchen anderen Menschen hatte. Schon damals empfand ich dafür große Dankbarkeit. Dafür und auch für die Chance, Menschen, die es nicht so gut haben wie ich, zu unterstützen.

Und ich kann es gar nicht oft genug betonen – egal, ob man damals als Kind oder Jugendlicher mit den Eltern gestritten hat oder Dinge schiefgelaufen sind: Man lebt nur einmal. Und unserer Familie ist es immer gut gelungen, dies zu erkennen. Wir haben unsere gemeinsame Zeit als Familie wirklich immer sehr genossen. Diese Zeit, die so wahnsinnig schnell vorbeirauscht.

Ich hatte meinen Papa nur 42 Jahre, und das fühlt sich im Vergleich zu anderen Menschen schrecklich wenig an, die das Glück haben, 50 oder 60 Jahre mit ihren Eltern verbringen zu dürfen. Natürlich ist mir klar, dass es auch einige Menschen gibt, die noch viel weniger Zeit mit ihren Eltern erleben, wenn sie durch ein Unglück oder eine Krankheit auseinandergerissen werden. Vielleicht habe ich es auch so schlecht verkraftet, gerade weil wir eine so fantastische Verbindung hatten. Wenn wir mal gestritten haben – was selten war –, dann habe ich das tatsächlich immer wieder schnell in Ordnung gebracht. Ich habe mich schnell entschuldigt. Ich wollte die Zeit mit meinen

6 FAMILIE: MEINE STÄRKSTEN WURZELN

Meine Eltern haben mich immer super unterstützt.

Eltern und auch mit Freunden so unbeschwert wie möglich verbringen und keine Probleme wälzen, sondern das kurze Leben einfach genießen.

Darum bin ich, wie ich bin – wenn ich morgens aufwache und aufstehe, ziehe ich die Vorhänge zur Seite und schaue dankbar in den Morgen. Denn das Leben ist kurz. 75 Jahre, 85 Jahre, vielleicht noch länger, das hört sich viel an, doch es geht so schnell vorbei. Wir sollten das nie vergessen und jeden Augenblick dankbar genießen.

Auch müssen wir unbedingt die Möglichkeit nutzen, alles, was wir gelernt haben, an die nächste Generation weiterzugeben. Vielleicht können wir die Welt dadurch ein bisschen besser machen, indem wir in den Kindern eine Spur hinterlassen. Paul und ich wollten das unbedingt. Wir wollten Kindern ein gutes und geborgenes Zuhause schenken und ihnen etwas mit auf ihren Weg geben. Die Welt braucht in der Zukunft wache, starke und einfühlsame Menschen, damit sie weiterhin ein lebenswerter Ort für nachfolgende Generationen sein kann.

KINDER, KINDER ...

Kommt irgendwo ein Kind zur Welt, ein Engel sich daneben stellt.
Und Tag für Tag und Nacht für Nacht, ein Leben lang es nun bewacht.
(Taufspruch, unbekannt)

Mir ist klar, dass viele meiner Fans sich auch für das Familienleben interessieren, das Paul und ich mit unseren Kindern führen. Und natürlich verstehe ich das. Doch aus Respekt vor unseren Kindern liegt mir besonders am Herzen, die Privatsphäre meiner Familie in dieser Hinsicht mit ganz viel Sorgfalt zu schützen. Gerade weil wir ansonsten ein sehr öffentliches Leben führen, ist mir der Schutz der Kleinen, die sich nicht gegen das wehren können, was Erwachsene mit ihnen anstellen, eine äußerst wichtige Sache. Kinder können noch nicht für sich sprechen. Sie können noch nicht äußern oder gar beurteilen, wie sie es wirklich haben möchten. Und ich möchte niemals, dass meine Kinder irgendwann zu uns sagen: Warum habt ihr das mit uns gemacht? Wir

Mit meiner Schwester Tracey, 1978.

wollen, dass unsere Kinder über die Dinge in ihrem Leben selbst entscheiden, wenn sie reif dazu sind. Diese Kraft dürfen wir unseren Kindern nicht wegnehmen. Einige Male haben Paul und ich schon Stellung dazu genommen und erklärt, dass unsere Kinder ohne Rampenlicht aufwachsen sollen und es daher keine Informationen zu ihrem Alter, ihrem Geschlecht oder ihrer Herkunft geben wird. Ich wünsche mir von Herzen, dass meine Fans diese Entscheidung verstehen. Wir sind sehr glücklich, dass wir unseren Wunsch, Kindern ein liebevolles, sicheres und geborgenes Zuhause zu schenken, erfüllen konnten.

Als das zweite Kind in unser Leben kam, haben wir uns schon einmal mit einer Nachricht auf Facebook an unsere Fans gewandt. Die Nachricht möchte ich hier noch einmal teilen, damit sie auch noch Menschen erreicht, die diese Veröffentlichung damals nicht mitbekommen haben:

„Nach den letzten schweren Wochen freuen wir uns, mitteilen zu können, dass wir wieder Eltern geworden sind. Wir sind überglücklich und stolz, einem Kind ein Leben voller Liebe, Geborgenheit und Sicherheit bieten zu können.

Wir möchten uns bei unseren Familien und Freunden bedanken, die immer für uns da sind.

Danke den deutschen Jugendämtern für ihr Engagement, die Hilfe und Unterstützung.

Danke auch an unsere Fans, die immer an unserer Seite stehen.

Auch wenn wir ein sehr öffentliches Leben führen, bitten wir um Verständnis, dass dieser Bereich unseres Lebens weiterhin privat bleiben wird. Wir haben entschieden, dass unsere Kinder ohne Rampenlicht aufwachsen sollen. Deswegen wird es auch in Zukunft keine Informationen zu Alter, Geschlecht oder Herkunft geben. Interviewanfragen zu

diesem Thema – seien sie auch noch so allgemein – werden wir zum Schutz der Anonymität der Kinder nicht beantworten.

Wir bedanken uns sehr bei unseren Fans und den Medien, dass sie diese Entscheidung in den letzten Jahren akzeptiert haben.

Wir können unser Glück kaum fassen und sind unendlich dankbar.

Ross Antony & Paul Reeves"

Wir haben sehr gute und liebevolle Reaktionen daraufhin erhalten und bis heute gelingt es uns, eine intakte Familie zu sein, gemeinsam Dinge zu unternehmen und zu erleben und doch dafür zu sorgen, dass unsere Kinder weiterhin geschützt aufwachsen können. Für diesen Respekt, der uns von allen Seiten entgegengebracht wird, sind Paul und ich sehr dankbar. Es ist mir ein tiefes Bedürfnis, meinen Fans und der gesamten Öffentlichkeit diesen Dank für den großen Respekt, den wir seitdem erfahren, auch hier noch einmal zum Ausdruck zu bringen.

DANKE FÜR MEINE FAMILIE, MEHL UND KLOPAPIER!

KAPITEL 7

FREUNDE, FANS UND FALSCHE FUFFZIGER

Es ist nicht die Quantität, wie oft man sich sieht, sondern die Qualität der einzelnen Begegnungen mit den Freunden. Es geht darum, wie man die Zeit verbringt und genießt, wenn man zusammenkommt.

Meine Schulfreunde sehe ich zum Beispiel höchstens ein- oder zweimal im Jahr. Aber wenn wir uns sehen, dann investiere ich die Zeit. Eine wahre Freundschaft ist etwas ganz Tolles. Ich betone hier noch mal ganz eindringlich – weil zum Beispiel so viele meiner Kollegen versuchen, unendlich viele Freunde zu haben, sie wollen von ihnen umrahmt sein –, ich kann meine besten Freunde wirklich an einer Hand abzählen. Und das reicht mir. Ich brauche nicht hundert oder tausend, sondern gute Freunde. Und diese sind schwer zu finden. Ich habe auf meinem Lebensweg bisher einige Freunde gefunden, die zu mir gehalten haben und mich normal behandeln und nicht wie einen Star. Freunde, die auch Geduld mit mir hatten und haben, denn mein Job ist ja ganz anders als die Arbeit vieler anderer Menschen – nämlich unberechenbar. Ich muss am Wochenende arbeiten oder auch abends, der Arbeitsalltag ist unregelmäßig. Und das verstehen meine „fünf Freunde", die ich habe, und ich bin ganz stolz auf sie. Sie verstehen einfach, wenn ich manchmal spontan absagen oder Verabredungen verlegen muss, sie sind nicht böse, weil sie einfach wissen und verstehen, wie mein Leben funktioniert. Sie haben Verständnis.

Etwas Besonderes ist sicher auch, dass die Konzentration auf die wenigen wirklich guten Freunde im Leben dazu führt, dass man diese viel mehr schätzt. Wenn man sie trifft und gemeinsam etwas unternimmt, nimmt man dies viel tiefer und bewusster wahr. Man genießt die Zeit mehr. Ich habe wirklich einen tollen kleinen Freundeskreis. Und damit bin ich superglücklich. Ich möchte dies auch gar nicht ändern.

AUF DER FLUCHT

Denk ich an Freunde, so denke ich doch just auch an eine wahnsinnig witzige Geschichte letzten Sommer. Paul und ich verbrachten vergangenes

Jahr unseren Urlaub auf deutschem Boden in der Heimat. Mit auf unserer Urlaubsagenda: ein Tag gemeinsam mit Freunden auf einem Boot auf dem Wasser im hohen Norden. Alles hatten wir perfekt vorbereitet für unseren gemütlichen Bootsausflug, jede Menge Picknickleckereien brachten wir an Bord, sodass wir irgendwo auf dem See ankern und es uns gut gehen lassen konnten. Die Wettergötter waren uns ebenfalls wohlgesonnen – es war ein perfekter herrlicher Sommertag.

Unsere Freunde brachten noch zwei Jetski mit. Ich war hellauf begeistert, denn alles Neue finde ich immer wahnsinnig spannend. Ja, ihr ahnt es schon, ich hatte keinen blassen Schimmer, wie man so ein Ding bedient ... Aber egal! Die Idee war einfach super.

Auf dem Wasser angekommen, lieferten sich in mir natürlich Abenteuerlust und Angsthasentum ein kleines Gefecht, und weil unser Freund Tim merkte, dass ich mich nicht sofort traute, schwang er sich leicht und elegant auf eines der schnittigen Wassermopeds und fuhr die erste Runde. Geschmeidig sah das aus und so leicht. Warum sollte ich das nicht auch können? Also los, dachte ich, nahm all meinen Mut zusammen und stieg auf den anderen Jetski. Ich alberte im Rossi-Style rum, um mich selbst lockerzumachen, doch Tim sah ganz klar, dass ich Schiss hatte. Souverän nahm er mich in seine Obhut und fuhr mit mir erst einmal langsam um unser Boot herum, bis ich allmählich die Angst verlor.

Gerade als es begann, Spaß zu machen, sahen wir in einiger Entfernung die Wasserpolizei. Unsere Freunde schauten einander skeptisch an, und Tim war nicht mehr wirklich sicher, ob wir mit Jetski dort auf dem Wasser sein durften.

„Wir müssen hier weg, bevor die uns erwischen!", rief er. „Los, wir müssen Gas geben!"

Ich geriet in Panik. Natürlich hatte die Wasserpolizei uns längst gesehen. *008 – mein Name ist Ross. Ross Antony. Ich muss jetzt Gas geben. Es geht um Leben und Tod!*, dachte ich zumindest ... Atemlos, voller Angst und Adrenalin gab ich, Ross, der nie zuvor in seinem Leben auf einem Jetski gesessen hatte, Vollgas und raste davon. Einfach nur weg war die Devise.

Die Wasserpolizei hatte uns sofort im Visier, startete ihr Blaulicht und nahm die Verfolgung auf. Wir gaben immer mehr Gas, mein Herzschlag war so schnell wie noch nie in meinem Leben, ich hatte wahnsinnige Angst. In einem Affentempo düsten wir von See zu See, bis wir auf einmal eine Brücke sahen. Das war unsere Chance, denn die Brücke war so niedrig, dass das Boot der Wasserpolizei wahrscheinlich nicht drunter durchkam. Doch da waren ja auch diese Angler. Sechs Angler. Sechs Angeln ...

Nun, wir hatten keine andere Möglichkeit, die Brücke war unsere einzige Chance. Tim raste als Erster unter ihr durch, alles lief glatt. Und dann ich. Unerfahren wie ich war, passierte das Unvermeidliche: Bei der Durchfahrt nahm ich alle sechs Angeln mit, da ich mich in den Schnüren verheddert hatte. Die Schnüre samt Angeln und Fischen waren nun mein unfreiwilliges Gefolge. Während ich mich mit höchstem Tempo entfernte, hörte ich noch das wütende Geschrei der Angler.

2020 mit Giovanni Zarrella. Seit 20 Jahren beste Freunde.

Unser Plan hatte funktioniert. In sicherer Entfernung brachten wir unsere Fluchtfahrzeuge zum Stehen, rannten ans Ufer und versteckten uns hinter Gebüschen und Wasserpflanzen. Mein Herz raste immer noch.

Als ich mich schließlich beruhigt hatte, fühlte ich trotzdem keinen Triumph. Ich fühlte mich schlecht. Denn so lustig das am Ende war, ich war ja wirklich auf der Flucht gewesen. So etwas hatte ich noch nie in meinem Leben gemacht. Mein schlechtes Gewissen plagte mich, denn ich bin letztlich immer ein ehrlicher Mensch. Also entschied ich, mich der Polizei zu stellen.

Nun hatte ich natürlich schon wieder Angst. Welche Konsequenzen würden da auf mich zukommen? Egal, ich musste es klären. Also: auf zur Wasserwacht!

„Ich war das mit dem Jetski und den Anglern", machte ich voller Reue mein Geständnis. Die Polizisten schauten mich an und grinsten.

„Ihr dürft dort mit Jetski fahren", klärte einer der Beamten mich auf, „doch wir hatten eine Wetterwarnung, es soll Sturm geben, und davor müssen wir auf jeden Fall warnen."

Wir waren also ganz umsonst geflüchtet, und all die Aufregung war absolut unbegründet. Immerhin, wir hatten die Wasserpolizei erheitert, denn die Beamten fanden die Geschichte sehr lustig. Das Blaulicht hatten sie eingeschaltet in der Hoffnung, dass wir dann langsamer fahren würden und sie uns vor dem Unwetter warnen konnten.

Ein verrücktes Abenteuer war das. Doch eins ist sicher: Ich habe mich ein bisschen wie James Bond gefühlt.

HELFEN, WO IMMER ES GEHT

Meine Freunde helfen mir, und ich helfe meinen Freunden. Und da ich gerne gebe und Menschen glücklich mache, wünsche ich mir oft, ich könnte jedem helfen. Am besten sofort. Und immer. Aber leider liegt das nicht in meiner Macht. Es ist wichtig, auch das anzuerkennen, weil man sich sonst völlig übernimmt und sich selbst verliert. Und dann kann man ohnehin überhaupt niemandem mehr helfen. Erinnern wir uns an die Selbstfürsorge, mit der ich ganz zu Anfang die Reise durch meine Lebenskunst begonnen habe. Man kann nur geben, wenn man sich um sich selbst gut kümmert. Denn nur dann ist man stark genug, um für andere Menschen da zu sein.

Und da mir einfach das Bedürfnis in die Wiege gelegt wurde, mich um andere zu kümmern, sind mir neben meinen wenigen engen Freundschaften, die ich tief pflege, trotzdem auch meine Fans wichtig. Und soweit es in meinen Möglichkeiten liegt, möchte ich ihnen gerne zur Seite stehen und ihnen das besagte Lächeln ins Gesicht zaubern, wenn es ihnen mal nicht so gut geht. Besonders wichtig ist mir hier aber der Hinweis, dass manche trübe Befindlichkeit auch einen ernsteren Hintergrund hat und nicht einfach „schlechte Laune" ist. So kenne ich einige Menschen, die an Depressionen erkrankt sind, und das ist eine wirklich schlimme und dunkle Krankheit. Wer davon betroffen ist, dem hilft kein Gute-Laune-Rossi-Rat. Hier ist professionelle Hilfe der einzig richtige Weg, um das Leid Betroffener zu mildern. In der Öffentlichkeit gibt es meines Erachtens immer noch viel zu wenig Diskussion darüber. Depression gilt mittlerweile als „Volkskrankheit" und die Betroffenen kämpfen Tag für Tag, um damit zu leben, und sicher auch damit, dass ihre Krankheit gesellschaftlich immer noch nicht richtig anerkannt ist. Klassische Sätze lauten: Jetzt reiß dich doch mal zusammen! Dir geht es doch so gut! Du hast doch alles!

Da ist noch jede Menge Aufklärung in der Gesellschaft und Verständnis für diejenigen nötig, die unter Depressionen leiden.

Anders steht es um Pessimisten. Ich habe zum Beispiel eine Bekannte, die bei allem, was ich sage, in Opposition geht. Wenn ich beispielsweise einfach nur sage: Wie schön es ist, dass die Sonne scheint!, antwortet sie gleich: Es wird aber bald regnen. Oder: Mir ist es zu heiß. Es gibt Leute, die wollen scheinbar nicht glücklich sein. Und denen kann ich natürlich auch nicht helfen. Hier ist es wichtig, dass diese Menschen erst in sich selbst erkennen, dass sie etwas ändern müssen. Und dann müssen sie es auch wollen.

Ich habe natürlich auch Fans, die viele Probleme im Leben haben, ohne gleich depressiv zu sein. Oft kommen sie auf mich zu und wollen meinen

Rat. Ich bin dann ein bisschen wie der Kummerkasten für die Fans. Jeder möchte gerne mit mir sprechen, und obwohl ich für meine Fans so gerne mehr machen möchte, kann ich leider nur begrenzt Hilfe anbieten, denn ich bin ja auch nur ein Mensch. Da mir meine Fans wichtig sind, nehme ich mir ihre Probleme zu Herzen. In vielen Situationen kann ich sie ja auch unterstützen. Doch natürlich gibt es noch viel mehr Situationen, in denen ich überhaupt nicht helfen kann. Das macht mich tatsächlich traurig, und ich male mir jedes Mal die möglichen Konsequenzen für die betroffene Person aus – einfach typisch Rossi.

Ich hatte einen Fan, eine Frau, die mehrfach versucht hat, sich das Leben zu nehmen. Sie hat mir auch schon im Vorfeld einmal eine Trauerkarte geschickt, auf der geschrieben stand, dass sie, wenn ich die Karte erhalte, längst tot ist. Und als ich die Karte bekam, habe ich sofort die örtliche Polizei ihres Wohnorts angerufen, die sie glücklicherweise gefunden hat. Irgendwie war das alles Zufall oder vielleicht auch Fügung, dass es sich an jenem Tag so ereignete und ich zugegen war, als die Karte eintraf. Ich habe nicht eine Sekunde gezögert, ich dachte, ich muss sofort handeln, denn sie wird sich etwas antun. Sie hatte sich bereits aufgeschlitzt, dem Himmel sei Dank, nicht besonders fachkundig, und so konnte sie gerettet werden. Sie kam in Therapie, zum Glück geht es ihr jetzt sehr viel besser und sie ist auch nicht mehr so auf mich fixiert. Inzwischen führt sie wieder ein recht normales Leben, doch es hat einige Jahre gedauert. Sie war als Kind von ihrem Papa schwer missbraucht worden und hat sich nie wirklich damit auseinandergesetzt. Ich habe mit ihr natürlich auch über meine Missbrauchserfahrung gesprochen und darüber, wie ich das Problem gelöst habe, unter anderem, indem ich die Täter damit konfrontierte. Letzteres konnte ihr nicht mehr als Impuls helfen, da ihr Papa, der ihr dieses schlimme Leid angetan hatte, bereits tot war.

Es gibt jedoch auch eine lustige Geschichte von ihr, die sich ereignete, als sie zu uns in unsere Pension nach England gekommen war und Urlaub bei uns gemacht hat. Sie war immer noch ein bisschen verrückt drauf. Ich hatte sie morgens nach dem Frühstück verabschiedet, und sie erzählte mir, was sie vorhatte, dass sie ein bisschen bummeln und einkaufen gehen wolle. Als sie nachmittags zurück in die Pension kam – in Wallingford, unserer kleinen idyllischen Stadt in England, mit einem Fluss –, war sie bis auf die Haut klatschnass samt Handtasche und allem, was sie bei sich trug und anhatte. Ich fragte sie, was sie denn gemacht hätte, und sie antwortete, das Wasser hätte so schön ausgesehen, da sei sie einfach nur reingesprungen ...

LINDSAY IST TOT

Ein großer Einschnitt in meinem Leben war auch, als meine beste Freundin Lindsay starb. Wenn es mir mal nicht so gut geht, aus welchem Grund auch immer, oder wenn ich schlechte Laune habe, hilft es mir, an sie zu denken. Lindsay starb an Krebs. Diese teuflische Krankheit, die uns alle treffen kann. Und noch immer gibt es keine perfekten Heilmethoden, um diesem Schrecken erfolgreich die Stirn zu bieten.

Ich denke oft an Lindsay, wie sollte ich sie auch vergessen. Lindsay war ein bisschen wie ich. Sie war schrill, etwas verrückt und genoss das Leben in vollen Zügen. Sie hatte eine unglaubliche Energie und positive Ausstrahlung.

Ich kannte Lindsay von unserer gemeinsamen Arbeit in Musicals. Wir haben uns gleich gemocht und angefreundet. So viele wunderbare Dinge haben wir miteinander erlebt, so viele tiefsinnige, aber auch sagenhaft lustige Gespräche geführt.

Dann bekam Lindsay Brustkrebs. Und ich dachte, nein, verdammt, das kann doch nicht sein. Aus Lindsays Erzählungen wusste ich, dass ihre Mutter an Brustkrebs gestorben war, als Lindsay acht Jahre alt war. Natürlich schoss diese Tatsache immer wieder durch meine Gedanken, und mein Blick verriet, wie ich beinahe flehend betete: Bitte nicht auch meine Freundin Lindsay. Lindsay lachte und beruhigte mich. So war sie. Ich werde den Augenblick nicht vergessen, wie sie mich freundschaftlich knuffte und sagte, ich solle mir keine Sorgen machen, sie bekäme das schon hin.

Lindsay war eine richtige Kämpferin. Sie kam ins Krankenhaus, überstand tapfer die Operation und Anschlusstherapie und schaffte es. Sie wurde entlassen und wir arbeiteten wieder zusammen in Musicals. Ich war so froh, dass sie wieder da war. Bis sie irgendwann erneut Schmerzen bekam. Sie ignorierte es und bemühte sich weiterzumachen, als sei nichts. Doch die Schmerzen wurden stärker und mahnten sie, auf die Signale zu hören. Sie hörte zu spät auf ihre innere Stimme und bekam die erschütternde Diagnose, dass der Krebs zurück war. Und nicht nur das – er hatte inzwischen seine gefährlichen Zellen gestreut und war so weit fortgeschritten, dass man ihr keine Hoffnung mehr machen konnte. Lindsays Tochter war gerade sechs Jahre alt – Lindsays Kindheit wiederholte sich bei ihrer eigenen Tochter.

Wir hatten unendlich viele tiefe Gespräche zu jener Zeit, und eines Tages fragte Lindsay mich, ob ich mit ihr nicht noch mal in die Stadt zum Einkaufen gehen könne. Sie wolle sich etwas Schickes zum Anziehen kaufen und in einem schönen Restaurant mit mir essen.

Lindsay war ein so besonderer Mensch. Sie wünschte sich, die ihr noch bleibende kurze Zeit gut zu nutzen und Schönes in ihr Leben zu holen. Wir verbrachten eine so sagenhafte Zeit miteinander, und es war irgendwie ein Wunder, dass es uns gelang, in diesen Momenten die Tragödie auszuklammern und echte Freude im Hier und Jetzt zu teilen.

So viele wundervolle Dinge hat sie mir mit auf den Weg gegeben, bevor sie ging und mich im Leben zurückließ. Sie selbst dankte mir so herzlich dafür, dass ich sie in ihren letzten Wochen unterstützt hatte und für sie da gewesen war. Es ist noch so präsent in mir, wie sie sagte, dass – egal, was sei und komme – ich sie immer zum Lachen bringen könne. Und ihr Wunsch sei, dass ich dieses Positive und Frohe immer pflegen und bewahren müsse. Ich musste ihr versprechen, weiterhin Menschen zu unterhalten und zum Lachen zu bringen. Wie habe ich da geweint, wie ein kleiner Junge, und mich fast geschämt, doch Lindsay blieb sanft und stark.

Zwei Wochen später war sie tot. In dieser Zeit haben wir uns nicht mehr gesehen. Dieser letzte besondere Nachmittag mit ihr war unser Abschied gewesen, und wir beide wussten das.

Ich war nicht auf ihrer Beerdigung. Vielleicht ist es nicht für jeden nachvollziehbar, und möglicherweise hört es sich merkwürdig an, als hätte ich der

ICH BRAUCHE NICHT TAUSEND FREUNDE. ICH BRAUCHE GUTE FREUNDE.

besten Freundin die letzte Ehre verweigert. Aber so war es nicht. Sie war und ist in meinem Herzen die lebendige, lustige, wunderbare Lindsay. So wollte ich sie in Erinnerung behalten und nicht als Lindsay in einem Sarg. Und hätte ich solche zeremoniellen Angelegenheiten im Zusammenhang mit ihrem Tod mit ihr vorher besprochen, dann hätte sie sicher gesagt: „Rossi, mein Lieber, mach besser einen Spaziergang im Wald, wenn sie mich in der Erde versenken. Ich weiß doch, du bist auch da, wenn du nicht kommst ..."

Das ist nun acht Jahre her. Wenn es mir mal nicht gut geht, denke ich an Lindsay und stelle mir vor, wie sie mit einem Augenzwinkern mahnend den Finger hebt und mich an meine Mission erinnert, die ich ihr vor ihrem Tod versprochen hatte: positiv zu sein und Menschen zum Lachen zu bringen. Und letztlich ist es ja auch immer noch genau das, was ich mache. Bestimmt würde sie ein bisschen stolz auf mich sein.

Auch Lindsay gehört zu all meinen wertvollen Helfern, die mich daran erinnern, stets meine positive Sicht zu bewahren. So früh wurde sie aus dem Leben gerissen, und wenn ich an sie denke, wird wieder klar: Das kann uns allen passieren. Jeden Tag. Immer. Mir geht es gut, ich bin gesund, manchmal habe ich ein bisschen „Rücken" und etwas Mutter-Rheuma, im Frühjahr zwickt mal der Heuschnupfen und erinnert mich dann auch daran, dass ich Asthma habe. Doch seien wir ehrlich – das sind vornehme Probleme ... *Mensch Ross*, sag ich dann, *bloß kein Gejammer*. Ich bin gesund und bleibe es ja vielleicht auch. Grund genug für ganz viel Dankbarkeit und für ein Lächeln. Und dann stelle ich mir vor, wie Lindsay, wo auch immer sie gerade ist, ebenfalls lächelt und mir ein richtig kräftiges „Daumen hoch" schenkt ...

SCHWIERIGE LEUTE

So viele bunt gemischte Erlebnisse und Erfahrungen hatte ich bereits in meinem Leben mit so vielen verschiedenen Menschen. Und all diese Erfahrungen sind unglaublich wertvoll für mich. Sie prägen und bereichern mich, ich lerne und wachse dadurch. Ganz besonderes Wachstum ist meistens mit den schmerzhaften oder merkwürdigen Begegnungen im Leben verbunden. Im Alltag erinnere ich mich an ein paar merkwürdige Erlebnisse mit seltsamen Zeitgenossen auf eBay. Ich verkaufe dort zuweilen Dinge, die wir nicht mehr brauchen, in der Hoffnung, damit noch jemand anderem eine Freude machen zu können. Ich mag es wirklich gar nicht, Dinge einfach wegzuschmeißen. Kinder wachsen rasch und vieles von ihrem Spielzeug kann hoffentlich noch für andere Kinder wertvoll sein.

Nun gab es den einen Fall, wo ich etwas verkauft und rausgeschickt habe, doch die Person, die es gekauft hatte, behauptete, der Artikel sei nicht angekommen. Dieser Mensch eröffnete sofort einen sogenannten Fall, statt sich erst mal mit mir in Verbindung zu setzen. Ich glaube, es ging nur darum, das Geld zurückzubekommen, obwohl der Artikel in Wahrheit angekommen war. Ich habe, glaube ich, ganz geschickt reagiert und dem Käufer geschrieben, dass dieser Artikel von meinem Kind sei und es sich damit etwas Taschengeld verdiente. Ich sandte das Geld zurück mit einer Nachricht, dass es schön wäre, wenn er das Geld zurückzahlen würde, wenn der Artikel eintrifft. Da es ein Maxibrief mit Legoteilen war, den man problemlos in den Briefkasten werfen konnte, zweifelte ich, dass der Brief nicht angekommen war. Alles, was ich bisher verkauft hatte – und das war jede Menge –, hat immer die Empfänger erreicht, außer diesem Brief.

Aber dann passierte neulich Folgendes: Ich hatte dieses Mal etwas bei eBay bestellt, und es kam in der Tat nicht bei mir an. Der Verkäufer war sehr freundlich und sandte nach einem sehr netten Austausch sogleich das Geld zurück. Natürlich habe ich ihm zugesichert, sofort zu bezahlen, falls der Artikel doch noch einträfe. Die meisten verschollenen Sendungen kommen nach einer Weile ja noch über Umwege beim Empfänger an. Damit will ich sagen, auch wenn ich mir absolut sicher bin, dass meine Post richtig auf den Weg gebracht worden ist, kann ich mich irren. Das lerne ich daraus. Doch was ich in jeder Situation immer wirklich erwarte, ist, dass man nett und respektvoll miteinander umgeht.

Ebenfalls lerne ich aus so was: Schlaumachen hilft auch hier wie in jeder Lebenslage. Ich habe nach diesen Erfahrungen mal ein wenig im Internet

Ich liebe meine Fans!

gestöbert, wie Betrüger versuchen, auf eBay an das Geld anderer Leute zu kommen. Da gibt es erstaunliche Betrugsmaschen. Zum Beispiel den häufig versuchten sogenannten Dreiecksbetrug, bei dem der Betrüger ein sehr teures Angebot eines Anbieters aussucht und genau das gleiche Inserat selbst veröffentlicht. Ein anderer Nutzer kauft den Fake-Artikel und der Betrüger gibt ihm die Bankdaten vom Inserenten, der das wirkliche Angebot gemacht hat. Der Käufer überweist nun dorthin und so schickt der Inserent die Ware an den Betrüger, da er glaubt, er habe das Geld von diesem bekommen. Der gutgläubige Käufer des Fake-Artikels ist hier der Dumme, denn er hat eine Ware bezahlt, die er nicht bekommen hat. Damit hat sich der Betrüger nämlich längst auf- und davongemacht. Oder der Austauschtrick, bei dem Betrüger zunächst ordnungsgemäß einen Artikel ersteigern, zum Beispiel ein teures technisches Gerät, und diesen auch bezahlen. Nun beginnt der Betrug: Der Betrüger reklamiert und sendet ein gleiches, aber defektes Gerät zurück. Da eBay-Verkäufer oft in Inseraten keine Gerätenummer oder Kaufbelege mit angeben, können sie den Betrug nicht beweisen und müssen das gezahlte Geld an den Betrüger zurückzahlen. Unglaublich, aber wahr. Deshalb ist es wichtig, dass ein angebotener Artikel immer genau identifizierbar ist, damit Verkäufer mit diesem Betrug keine böse Überraschung erleben. Ein weiterer Trick ist der Nachnahmetrick. Der Betrüger gibt vor, dass es aus Sicherheitsgründen am besten sei, per Nachnahme zu verschicken. Er verlässt sich darauf, dass der Käufer das Paket sowieso erst öffnet, wenn der Postbote längst mit dem Geld weg ist. Und dann kommt die Überraschung: Statt der gekauften Ware findet der Käufer Steine oder Müll im Paket. Daher mein dringender Rat, auch wenn ihr es bisher nie gemacht habt: Nachnahme-Pakete immer sofort öffnen, wenn der Postbote sie übergibt! Leichter zu durchschauen ist der Bezahlbetrug. Der Betrüger versucht dabei, den Käufer zu überreden, direkt auf sein Konto zu überweisen ohne den Einbezug der eBay-Plattform, unter dem Vorwand, man könne ja so die eBay-Gebühren umgehen. Der Käufer überweist. Der Verkäufer sendet keine Ware. Und da die Verkaufsplattform umgangen wurde, ist eBay auch nicht verpflichtet, dieses Problem zu klären. Und schlussendlich kann ein eBay-Konto natürlich auch von Hackern geknackt werden. Damit das nicht passiert, sind ein Virenschutz und das Befolgen aller Sicherheitsregeln von eBay wirklich wichtig. Ganz ausschließen kann man Risiken nie. Aber man kann sie reduzieren.

Ich hatte zum Beispiel auch mal ein brandneues Schlagzeug-Set. Wir hatten eins geschenkt bekommen, hatten aber bereits eins, und so dachte ich, dass ich eines der Schlagzeug-Sets verkaufe. Vor dem Verpacken habe ich es noch genau untersucht, um sicherzustellen, dass auch alles in Ordnung ist, und habe es dann gepolstert verpackt. Es kam gut beim Käufer an, doch leider wurde es beim Auspacken beschädigt und der Käufer hat Fotos geschickt und sich beschwert, dass es bereits zerkratzt bei ihm angekommen sei. Diesen Fall finde ich wirklich traurig. Ich werde zukünftig bei solchen Artikeln alles fotografieren und mich absichern, damit man mir nicht unterstellen kann, ich hätte schlechte Ware geschickt. Das kratzt an mir und an meinem Vertrauen in die Menschen, obwohl ich ja ansonsten ein grundpositiver Mensch bin und solche Geschichten jetzt auch nicht zu hoch bewerten möchte.

GEHT'S NOCH?

Es gibt aber auch Begegnungen mit Menschen, da reißt mir fast die Hutschnur. So saß ich eines Tages im Corona-Sommer mit einer Freundin während eines Spaziergangs mit Aura und Inca einen kurzen Augenblick auf einer Bank bei einem kleinen Pausenplausch. Die Sonne schien, die Hunde waren gut drauf, der Platz ideal zum kurzen Verweilen. Die Idylle war von kurzer Dauer, eine spitze Stimme drang aus der Ferne zu uns:

„Geht's noch?!"

Wir orteten die Richtung der meckernden Stimme und sahen in etwa 30 bis 40 Meter Entfernung eine ältere Dame in Gesellschaft eines größeren Hundes. Sie war in einen ganz anderen Feldweg eingebogen und meckerte trotzdem weiter in unsere Richtung. Das Objekt ihrer mürrischen Begierde: unsere kleine Aura, die frei umhersauste! Die Hunde seien anzuleinen.

„Kümmern Sie sich um Ihren eigenen Hund!", erwiderte ich unsachlich. Sicher, das war nicht viel klüger als ihr mürrisches Meckern, doch ich war ganz einfach verärgert. Einerseits gab es durch die Entfernung keinerlei Berührungspunkte zwischen uns und unseren Hunden. Und andererseits lasse ich auf dem Feld die Hunde immer frei laufen. Sie brauchen Bewegung, sie hören, wenn ich sie rufe, und kommen auch sofort, und sie haben noch nie irgendwelchen Schaden angerichtet. Geht's noch? – Dieser Angriff hat mich wütend gemacht. Was für eine blöde Anmache, dachte ich. Und während sie sich über Aura und Inca echauffierte, erwürgte sie ihren eigenen Hund fast, indem sie ihn an der Leine im wahrsten Sinne des Wortes hinter sich herschleifte. Welche Verbitterung beherbergt diese seltsame Frau in sich! Sie hätte doch auch freundlich fragen können: Warum ist Ihr Hund nicht angeleint? Und ich hätte dann erklären können, dass ich hier wohne und der Hund in ihm bekanntem Gebiet frei laufen kann.

Ich habe wirklich sehr viel Respekt und Geduld mit Menschen, doch wenn man so auf Konfrontation aus ist, finde ich das schlimm. Geht's noch?! – Ja! Anscheinend doch. Es geht sehr wohl. Mürrische alte Tante. Paul greift bei so etwas immer meine Hand und sagt: „Sag gar nichts! Diese Menschen sind einfach nur verbittert, traurig und haben nichts im Leben." Natürlich hat er recht. Wenn die nach Hause kommt, hat sie immer noch schlechte Laune. Niemals will ich so enden. Wenn mir solche Leute begegnen, wird mir umso mehr wieder bewusst, wie wichtig der freundliche, offene und positive Blick in die Welt ist.

Zum Glück gibt es ja auch noch ganz viele nette Zeitgenossen. Und so näherte sich, während wir noch immer auf der Bank saßen, ein Vierergespann Spaziergänger. Als sie auf unserer Höhe waren, sprachen sie uns an.

„Tach zusammen", grüßte ein älterer Herr.

„Tach", erwiderten wir.

„Allet joot?", fragte er weiter.

„Alles perfekt! Und selbst?", kam es im Gleichklang von unserer Seite.

„Ja, allet perfekt, allet joot", signalisierte der Herr mit Daumen-hoch-Geste.

„Keine Angst, wir sind kerngesund!", witzelte ich in Anspielung auf Corona.

„Wir sind infiziert", konterte die Gruppe, „deshalb Vorsicht!"

Diese kurze nette Episode ist doch zweifellos von ganz anderer Qualität als das verbitterte Gemecker zuvor. Und es zeigt auch: Freundlichkeit und ein bisschen Spaß sind gar nicht so schwer.

# KAPITEL 8

THEMA SEX – NUR WEIL'S SEIN MUSS

Wenn es nach mir ginge, würde ich Sexualität überhaupt nicht thematisieren. Weder in einem Buch noch anderswo. Klar, wenn es ein wissenschaftliches Buch über Sexualität ist, dann ist das immer etwas Sinnvolles; ein Buch, das sachlich aufklärt über alles, was mit Sexualität zu tun hat und den Horizont erweitert. Das persönliche Sexualleben jedes Einzelnen jedoch ist etwas ganz Privates. Darin sensationslüstern herumzurühren, ist nicht wirklich schön. Es ist schade, dass Menschen dies tun. Wie kommt es, dass gerade heute in unserer aufgeklärten Welt immer noch alles, das nicht einer gängigen Norm entspricht, durchgekaut werden muss, als sei die betreffende Person, die „aus dem Rahmen fällt", ein Fehler der Natur, der unbedingt ausdiskutiert oder am besten gar behoben werden muss? Schrecklich finde ich das.

Weil dies aber leider nun mal so ist, war es mir letztlich doch wichtig, dieses Thema in meinem Buch anzusprechen. Denn vielleicht gelingt es mir ja, Betroffene zu unterstützen und ihnen Mut zu machen. Selbst wenn das Buch nur einigen wenigen Menschen Mut macht, die sich aufgrund ihrer sexuellen Orientierung aus irgendeinem Grund in ihrer Haut nicht wohlfühlen, dann hat sich meine Mühe bereits gelohnt. Vielleicht muss ich es ein wenig anders ausdrücken, denn es ist ja zunächst nicht der betroffene Mensch selbst, der sich aufgrund seiner Sexualität nicht wohlfühlt. Es ist ja eher so, dass das Problem von außen an den jeweiligen Menschen herangetragen wird. Ein Problem, das zuvor gar nicht existierte, wird erschaffen, indem einem Schwulen oder einer Lesbe eingeredet wird, dass mit ihm oder ihr „ja eigentlich" etwas nicht stimmt. Genau hier fängt das ganze Problem an.

Ich selbst hatte nie ein Problem mit meiner Sexualität. Als ich mich vom Kind zum Jugendlichen und schließlich zum Mann entwickelte, erlebte ich genau dieselben Emotionen und hormonellen Achterbahnfahrten wie alle jungen Menschen, die in die Pubertät kommen. Mit dem einzigen Unterschied, dass meine sexuelle Sehnsucht mich letztlich zum gleichen Geschlecht zog. Meine Seele jedoch glich den Seelen aller Kinder und Jugendlichen – sie war mit derselben Zartheit und Verletzlichkeit ausgestattet wie die Seelen aller meiner Schulfreundinnen und Schulfreunde.

Sexualität ist für mich letztlich ein absolut unwichtiges Thema. Es ist mir völlig egal, ob jemand schwul, lesbisch oder heterosexuell ist, oder auch, ob jemand nur ein Bein, einen Arm oder nur ein Auge hat. Wichtig ist mir der Mensch an sich und wie er innerlich tickt. Warum nur ist es immer noch so, dass Schwule, Lesben, Transsexuelle und weitere „Andersartige" immer noch schief angeguckt werden? Wir sind normale Menschen und tun nichts Böses! Was also geistert da nur in den Köpfen herum?

Es ist nicht so, dass ich eines Tages aufgewacht bin und mir gesagt habe: Okay, heute bin ich schwul, und vielleicht werde ich morgen hetero sein, aber heute bin ich schwul.

So läuft das nicht. Ich glaube, ein Mensch mit klarem Geist wird auch verstehen, dass es ganz schlicht die „Sortierung" unserer Gene ist, die dafür sorgt, dass wir uns zum gleichen oder eben anderen Geschlecht hingezogen fühlen. Und sind wir schwul, so ist das kein Fehler unserer Eltern, sondern es ist ganz einfach so gekommen und vollkommen egal und unwichtig. Es macht mich weder zu einem schlechteren noch zu einem besseren Menschen. Ich bin einfach nur der, der ich bin. Ross Antony, ein Mensch. Wie jeder andere Mensch auf der Welt möchte ich fair behandelt werden und Wertschätzung erfahren. Warum müssen manche Leute Schwulen und anderen, die nicht ihrer Vorstellung entsprechen, Probleme bereiten? Wir wollen einfach nur wie alle Menschen unser Leben leben.

Auch wenn sich die Situation hinsichtlich der Akzeptanz gleichgeschlechtlicher Beziehungen im Laufe der Zeit schon verbessert hat, ist es dennoch nicht vollständig in den Köpfen angekommen, dass Schwule ganz normale Menschen sind. Ich möchte Angela Merkel hier einmal erwähnen, weil ich es toll finde, was sie zum Thema Homosexualität gemacht hat. Sie hat gesagt, auch wenn sie für sich an dem traditionellen christlichen Rollenbild, also der Ehe von Frau und Mann festhält, sei sie der Meinung, dass andere sich anders entscheiden können und die Möglichkeit haben sollen, frei zu wählen. Und so stellte sie einen Gesetzesentwurf für die gleichgeschlechtliche Ehe vor.

Und dennoch: Es ist traurig, wie teilweise noch immer über Homosexuelle gesprochen wird und welche Schimpfwörter sie erdulden müssen. Ich hatte wahrlich ein großes Glück, dass ich nur selten wegen meiner Sexualität dumm angemacht wurde. Eher werde ich manchmal in Zusammenhang mit meinem Talent runtergemacht, und Leute sagen zuweilen, dass ich nichts kann. Doch das stört mich inzwischen überhaupt nicht mehr. Mit Kritik kann ich zum Glück gut umgehen. Früher dachte ich immer, schlechte Kritik sei ganz furchtbar. Doch wenn ich mir vorstelle, man bekäme die ganze Zeit nur Lob – wie langweilig wäre das! Dann wäre man letztlich ein langweiliger Mensch und könnte auch gar nicht wachsen. Daher freue ich mich sogar, wenn sich tatsächlich jemand die Mühe macht und Zeit investiert, um einen Riesenkommentar zu schreiben, und mir Einblick in seine Gedanken gibt. Ich bekomme von den meisten Nachrichten jedoch zunächst sowieso nichts mit, weil meine Assistentin sich darum kümmert. Ab und zu sehe ich natürlich auch, wenn jemand sich mit negativer Kritik so richtig ins Zeug legt. Dann denke ich nur, wie arm und traurig derjenige doch sein muss, um mir so emotional die Meinung zu geigen. So was verstehe ich nicht.

Natürlich gibt es auch Leute, die ich selbst nicht toll finde. Aber soll ich wirklich meine wertvolle Lebenszeit damit vergeuden, diesen Leuten irgendwas auf TikTok, Instagram oder Facebook zu schreiben? Wozu? Das interessiert mich einfach nicht. Ich gönne den Leuten, die ich selbst nicht toll finde, sogar auch von Herzen ihren Erfolg, denn warum sollte ich neidisch sein? Jedem das Seine.

Genauso ist es mit der Sexualität. Ich wünsche mir mehr Akzeptanz und Sensibilität. Sensibilität finde ich vor allem beim Umgang mit Jugendlichen wichtig. Es ist schrecklich, wenn ein Kind während der Pubertät das Gefühl bekommt, mit ihm sei etwas nicht richtig. Die Pubertät ist eine so wichtige Phase im Leben eines Menschen. Gerade dann, wenn das Erwachen hormoneller Abläufe das Kind mit einer ganz neuen inneren Welt und vollkommen fremden neuen Gefühlen konfrontiert, benötigen die Heranwachsenden einen geborgenen Raum, in dem sie sicher sind und sich wertfrei entdecken und entfalten können mit allem, was ihr persönliches Inneres ausmacht. Diese Entwicklung läuft bei jedem Kind ganz unterschiedlich ab.

Ich war eher ein Spätzünder in sexuellen Dingen. Ich glaube, erst als ich anfing, von meinem Sportlehrer zu träumen, überlegte ich zuweilen: Vielleicht ticke ich anders? Mein Sportlehrer war damals fast 50, er sah aber immer noch sportlich aus, er hatte einen knackigen Popo, ja, ich fand, er sah richtig gut aus. Er war verheiratet, hatte Kinder, glaube ich mich zu erinnern. Ohne jeden Zweifel aber war er wirklich ein Hingucker. Ich erinnere mich noch gut an das sportliche Rugby-Outfit, das er oft trug – und was das betrifft, hatte ich einen witzigen Spleen: Wenn ich Männer in Uniform sah, war ich immer hin und weg.

KÜSSEN UND KUSCHELN MIT MÄDCHEN

Wie auch immer. Als mein Lehrer sich immer wieder in meine Träume schlich, begann ich, mir Gedanken über mich zu machen. Dennoch schob ich solche Überlegungen gekonnt zur Seite und folgte zuerst den Spuren der Norm, denn natürlich wollen Kinder und Jugendliche dazugehören. Und so schwamm ich mit dem Strom, als meine Sexualität noch in den Anfängen ihrer Entwicklung war, und folgte dem Pfad der meisten anderen Jungs: Ich hielt Ausschau nach Mädchen. Die erste zarte kleine Beziehung, die mir auch die allerersten Schmetterlinge in den Bauch schickte, erlebte ich mit einem Mädchen, das den Namen meiner Schwester trug: Tracey. Ich war zwölf Jahre alt, als ich mit ihr die ersten romantischen Erfahrungen im Küssen, Kuscheln und Händchenhalten sammelte. Es war toll, auch wenn der Sportlehrer weiterhin hartnäckig meine Träume beherrschte.

Ein paar Jahre später, als ich 16 war, begegnete mir mit Helen ein wunderschönes Mädchen, mit dem ich ein Jahr eine sehr innige und tiefe Beziehung hatte. Auch wenn sie wie geschaffen schien für mich und ich sie auch sehr lieb hatte, wurde mir allmählich bewusst, dass ich wirklich anders war als die anderen Jungs. Irgendwas fehlte mir in unserer Beziehung. So lieb ich Helen hatte und so perfekt sie auch wirklich war – ich spürte mit immer mehr

Klarheit, dass ich mir einen Mann als Partner wünschte. Nach der Schule trennten Helen und ich uns.

MEINE ERSTE GROSSE LIEBE

Ein neuer Lebensabschnitt begann für mich: das Studium an der Guildford School of Acting und die Erfahrung, zum ersten Mal wirklich richtig verliebt zu sein. Auf einer Studentenparty traf ich Chris, meine richtige erste große Liebe. Und nun näherte sich auch die Zeit, da ich es meinen Eltern sagen musste und wollte. Doch meine Mutter kam mir zuvor und hatte denselben Gedanken wie ich – ich war erwachsen, nun war der richtige Zeitpunkt, dass sie mich auf das ansprach, was sie sowieso längst wusste. Ich werde nie vergessen, wie wir in der Küche saßen, sie mich ansah und es sagte:
Du hast einen Freund, oder?

Auch wenn ich wusste, dass ich mich in der Nähe meiner Mutter geborgen fühlen konnte, schämte ich mich und kämpfte mit der Sorge, nun sei sie enttäuscht von ihrem Sohn, und Papa würde noch viel enttäuschter sein. Ich schaute auf den Fußboden, als stünde dort irgendeine kluge Antwort. Dann nickte ich.

Emotionen lösten sich und wir heulten beide wie die Schlosshunde. Das Weinen tat gut und war nicht schlimm. Es hatte etwas Befreiendes für uns beide. Ganz klar sichtbar war: Mutter stand nach wie vor hinter mir und zu mir. Sie liebte mich, wie ich war, und nahm die ganze Angst und Scham von mir durch die Art und Weise, wie sie selbst war. Wir hockten noch eine lange Zeit zusammen in der Küche und sprachen über die Liebe, Gott und die Welt. Es tat mir gut, dass Mutter sich für Chris interessierte. Es tat mir gut, dass sie ihn nun endlich kennenlernen konnte. Und zuvor würde sie mit Papa sprechen und es ihm sagen. Auch wenn ich zu meinem Papa ein ebenso inniges Verhältnis hatte wie zu meiner Mutter, hatte ich nicht den Mut, es ihm selbst zu sagen. Ich wusste, dass es ihm erst einmal schwerfallen würde zu akzeptieren, dass er einen schwulen Sohn hat. Mein Papa war früher im Boxsport aktiv, hat aus damaliger Sicht „typische" Männerdinge gemacht und war aus jener Perspektive betrachtet also ein „richtiger" Mann. Ich konnte das ja verstehen. Wie sollte es ihm auch leichtfallen in einer Welt, in der Homosexualität immer noch als etwas Schmutziges und Anstößiges wahrgenommen wurde? Doch was sollte ich tun – es war nun mal so.

SCHAUT MAL, ICH BIN SCHWUL!

Wie ich bereits eingangs sagte: Ich möchte nur deshalb über meine Sexualität sprechen, weil ich überhaupt gar keine Lust mehr habe, darüber zu sprechen. Wenn ich dieser Sache hier Raum gebe, ist es der hartnäckige Versuch, meine Mitmenschen dafür zu sensibilisieren, dieses Thema doch bitte endlich vom Tisch zu nehmen. Es wurde genug durchgekaut, es ist unwichtig, es ist unspektakulär. Die Leute wissen inzwischen, dass ich schwul bin, und ich wünschte, sie nähmen diese Information gleichrangig auf mit der Information, dass ich Tiere und die Natur liebe. Hat mich jemals jemand mit einem Schild auf der Stirn rumlaufen sehen, auf dem steht:

Schaut mal, ich bin schwul! Wir müssen darüber sprechen!

Ich verkaufe mich als der Mensch Ross Antony. Ein Mensch, der die Bühne, die Musik, seine Fans und seine Familie, die Natur und alle Tiere dieser Erde liebt.

Und? Wird beim näheren Betrachten der Sache nicht langsam doch klar: Ich bin ein ganz normaler Mensch.

Ich wünschte, mehr Menschen würden ihre Energie in wichtigere Dinge stecken als in das Sexualleben einer prominenten Person. Es gibt so viele ebenfalls „prominente" Aufgaben, die unbedingt Aufmerksamkeit, helfende Hände und engagierten Einsatz benötigen. Man kann sich einsetzen im Umwelt- und Klimaschutz, für Tiere etwas tun, mit einer Patenschaft einem hungerleidenden Kind aus der Not helfen, vor Ort ältere und hilfsbedürftige Menschen ehrenamtlich unterstützen, politisch aktiv werden und Ideen einbringen zu aktuellen Themen wie beispielsweise Fragen rund um Zuflucht suchende Menschen aus anderen Ländern oder einfach nur beim Spaziergang den vielen Müll aufsammeln, den man auf dem Boden täglich leider sieht. Und so weiter und so weiter. Die Liste ist lang, und alles, was mir sonst noch an sinnvollen Aktivitäten einfällt, ist besser als das ewige Zerfleischen des Liebeslebens homosexueller Menschen. Auch wenn es gleichgeschlechtlichen Liebenden in der westlichen Welt ja noch recht gut geht, denn wenn ich über den europäischen Tellerrand schaue, wird mir zuweilen ganz flau …

STEINIGUNG UND TODESSTRAFE

Man mag es kaum glauben, doch tatsächlich gibt es immer noch Länder, deren homophobe Gesetze eine gleichgeschlechtliche Liebe mit dem Tod bestrafen. Tod durch Steinigung hört sich an wie finsterstes Mittelalter, aber es gibt solche Gesetze immer noch. Und es handelt sich bei diesen Gesetzen nicht unbedingt nur um Altlasten, die man aus uralten Zeiten immer noch mit in die Zukunft schleppt. Das Sultanat Brunei hat die Todesstrafe durch Steinigung für Homosexualität erst 2019 eingeführt. Auch wenn das Gesetz bisher nicht zur Ausführung kam, erschütternd ist so etwas dennoch. Unter weltweit 202 Ländern sind immerhin noch zwölf Länder, die Homosexualität mit dem Tod bestrafen. Kann so was wirklich sein?

Der sogenannte Gay Travel Index oder auch die International Lesbian, Gay, Bisexual, Trans and Intersex Association (ILGA) informieren jährlich über diese Situation. Wer sich näher mit den Ergebnissen der Untersuchungen dieser Institutionen befasst, muss eigentlich erschrecken angesichts der Tatsache, dass es auf unserer vermeintlich modernen Erde Ende 2019 ganze 70 Länder beziehungsweise Territorien waren, die über homophobe Gesetze verfügen. Mindestens genauso fassungslos muss die Tatsache machen, dass in 35 UN-Mitgliedstaaten die Strafgesetze für gleichgeschlechtliche Sexualität sogar in jüngster Vergangenheit noch verschärft anstatt gemildert oder abgeschafft wurden. Es versteht sich von selbst, dass ich niemals in ein Land reisen würde, das derartige Strafen im Gesetz verankert. Als Tourist so ein Land durch eine Reise dorthin zu unterstützen, kommt für mich auf keinen Fall infrage. So stehen zum Beispiel die Urlaubsziele Ägypten, Tansania oder Uganda auf meinem persönlichen Protest-Index.

Doch schlimme Praktiken liegen auch hierzulande gar nicht mal so lange zurück. Zum Beispiel war es noch bis vor ein paar Jahren in europäischen Ländern Usus und erlaubt, Homosexualität durch sogenannte Konversionstherapien zu „heilen". Erst 2019 wurde in Deutschland ein Gesetz erlassen, das diese schrecklichen Homo-Heilungen verbietet und Betroffene endlich vor den schlimmen Folgen einer solchen „Therapie" schützt – Depressionen, soziale Isolation, Ängste bis hin zur Flucht in den Suizid sind das Resultat des Versuchs, eine Krankheit zu heilen, die keine ist.

VERSTÄNDNIS FÜR DIE OLDIES

So wenig Verständnis ich für homophobe Entwicklungen in unserer modernen Welt mit Blick auf die Zukunft habe, so sensibel bin ich aber doch, wenn zuweilen ältere Menschen mit Homosexualität nicht klarkommen. Ich habe vollstes Verständnis für die ältere Generation, die sich oft noch schwertut, Homosexualität gegenüber Offenheit zu zeigen. Vor allem die Generation meiner Großeltern, die so aufgewachsen ist und geprägt wurde – sie sind nicht per se homophob, doch sie können verständlicherweise aufgrund ihrer Prägung nicht so leicht aus ihrer Haut. Und das verstehe und akzeptiere ich komplett und habe großen Respekt davor. Unsere Großeltern und auch noch unsere Eltern wuchsen in einer Zeit auf, in der Homosexualität null Toleranz erfahren hat. Es war zu jener Zeit schwer, wenn nicht unmöglich, diesbezüglich eine freie und tolerante Sicht zu entwickeln und Situationen neu zu denken. Der Druck der Gesellschaft war einfach zu groß.

Jede Zeit und jede Gesellschaft erfährt ihre Prägungen, die fest eingebrannt das ganze Leben überdauern und ihre Kraft behalten. Unsere Eltern übernahmen Werte und Glaubenssätze ihrer Eltern, und wir wiederum sind geprägt von unseren Eltern. Und wenn wir alt sind, wird es wieder so sein, dass die Welt sich entwickelt und verändert hat und wir vieles Neue nicht verstehen und akzeptieren. Und einen Teil unserer alten Werte und Glaubenssätze werden wir natürlich auch wieder an unsere Kinder weitergeben. Und so geht das immer weiter.

Wer das versteht, ist auch in der Lage, respektvoll mit anderen Menschen umzugehen. Ich würde zum Beispiel niemals vor älteren Leuten händchenhaltend mit Paul rumturteln oder ihn küssen, weil ich großen Respekt vor den Menschen habe. Doch wenn es diese Generation irgendwann nicht mehr gibt, muss der öffentliche Umgang allmählich freier werden. Es ist ja schon toll, dass es heutzutage neben Datingshows wie *Der Bachelor* inzwischen auch solche Shows mit schwulen Paaren gibt wie beispielsweise *Prince Charming* oder dass es inzwischen in vielen Serien schwule oder lesbische Paare gibt und es hier schon ein Stück weit Normalität ist, die eben zum Leben gehört.

Paul beschäftigt sich mit diesen Dingen nicht so intensiv wie ich. Er ruht ja sowieso absolut in sich selbst, für ihn sind wir eine normale Familie mit einem normalen Leben, und er hat keine Lust, sich zu viele Gedanken um das Gerede der Leute zu machen. Natürlich findet er es auch schlimm, wenn in den Nachrichten berichtet wird, dass Schwule mit Steinen beworfen oder getötet wurden oder Eltern ihre Kinder ablehnen, wenn sie erfahren, dass ihr Sohn schwul oder die Tochter lesbisch ist. Leider gibt es auf der Welt immer noch viele Eltern, die sich so verhalten.

CSD – VIELFALT UND TOLERANZ

Ein phänomenales Ereignis hingegen ist nach meinem Dafürhalten der Christopher Street Day. Einige Male war ich schon dort. Im Sommer 2019 durfte ich als Gast auf dem ROSSMANN-Truck mitfahren und mitfeiern. Es war ein fantastisches Erlebnis und eine sagenhafte Stimmung. Manchmal habe ich das Gefühl, dass Heterosexuelle, die diese Veranstaltung ablehnen, dies nur deshalb tun, weil sie gar nicht mehr richtig wissen, wie man feiert. Ich habe wirklich bisweilen den Eindruck, dass wir Schwule offener sind, glücklicher, mehr Gefühle zulassen und zeigen, mehr Teamplayer sind und an einem Strang ziehen. Klar ist, dass wir natürlich auch dazu gedrängt wurden und keine Wahl hatten. Vielleicht spielt das auch eine Rolle dabei, dass wir meistens positiv drauf sind.

Ich spreche ja auch absolut positiv über das Schwulsein und möchte sehr gerne Fürsprecher und Vorbild sein für alle betroffenen Menschen, die eine schwierigere Situation mit dem Leben und Zeigen ihrer Emotionalität und Sexualität haben, als ich es hatte. Ich hatte das Glück, dass ich in einer Welt aufgewachsen bin, in der ich akzeptiert wurde, so wie ich war. Meine Familie stand immer zu mir. Und auch in der Theaterwelt hatte ich das Glück, dass die sexuelle Orientierung eines Menschen dort kein Thema war. Es gab schon früher im Theater sehr viele Homosexuelle, die hier einen viel geschützteren Raum vorfanden als im normalen Alltagsumfeld. All dies hat natürlich dazu geführt, dass ich heute so bin, wie ich bin, und kein Problem habe, darüber zu sprechen und andere Menschen, die es nicht so einfach hatten, zu unterstützen.

Denn es gibt leider viel zu viele Menschen, die auf einen komplizierteren Weg und auf etliche traurige und belastende Ereignisse und Lebensphasen zurückblicken. Ich kenne einige, die sich erst mit Mitte 40 geoutet haben. Wie traurig muss es sein, all die Jahre bis dahin verborgen zu leben, bevor das Leben wirklich anfängt? Wie schrecklich ist es, dass Menschen, die überhaupt nichts Böses getan haben, so unter Druck gesetzt werden, dass sie nicht darüber sprechen können? Schon als ich heranwuchs, musste ich erfahren, dass es in meinem Umfeld Homosexuelle gab, deren Situation nicht so leicht war wie meine. So oft habe ich mir da schon gewünscht, ich könnte helfen und diesen Menschen etwas von meinem Glück abgeben.

Ich habe mich in der Öffentlichkeit nicht sofort geoutet, und als ich es dann tat, im Alter von 30 Jahren, hatte ich anderen gegenüber, die ebenfalls vor diesem Schritt standen, einen großen Vorteil: Ich hatte mit Paul immer einen sehr starken Mann an meiner Seite. Und vor allem hatte ich eine richtig starke Familie, die felsenfest hinter mir stand. Und obendrein gute Freunde, denen das vollkommen egal war, ob ich hetero, schwul oder sonst was war – Hauptsache, ich war ich. Und all das hat mir unglaublich geholfen.

Diese wertvollen Menschen um mich herum und meine persönliche Veranlagung sind, so denke ich, die Top-Gründe, warum ich ein wirklich robuster und starker Typ bin. Natürlich kenne auch ich Situationen, in denen Leute mich Schwuchtel genannt oder ähnlich beleidigt haben. Doch ruhe ich inzwischen tatsächlich mehr in mir und denke dann immer: Mein Gott, Leute, wenn ihr keine andere Beschäftigung habt, als andere Menschen zu beleidigen, dann ist das echt traurig. Was ich aber auch zuweilen denke, ist, dass viele Menschen eigentlich gar nichts Böses im Sinn haben, sondern es

vielleicht einfach nur witzig finden oder Mitläufer sind und anderen nach dem Mund reden.

Auch erinnere ich mich zum Beispiel an einen Fall, wo jemand immer gegen mich war und gegen Schwulsein generell. Und was geschah dann? – Später stellte sich heraus, dass er selbst schwul war. Manchmal passiert es offenbar, dass Menschen ihre eigenen Gefühle nicht einsortieren können, und dann reden sie einfach erst mal dagegen. Doch im Großen und Ganzen habe ich, was Beleidigungen angeht, bisher wirklich viel Glück gehabt, denn es sind ganz seltene Momente, in denen ich verletzt wurde in meinem Leben. Für die meisten bin ich Ross, der Stimmungsmacher und Spaßvogel. Und nicht Ross, der Schwule.

Einmal hat mich in Frankfurt eine Gruppe testosterongesteuerter Jungmänner blöd angemacht. Ich war einfach nur einkaufen, als sie mich bedrängten, hin und her schubsten und beleidigten. Schwuchtel und ein paar andere Beleidigungen musste ich mir anhören. Angst hatte ich zwar nicht, doch ein beklemmendes Gefühl war es schon. Wenn ich mich an so etwas erinnere, frage ich mich immer aufs Neue: Warum muss das so sein? Doch zum Glück passiert mir so was selten, vielleicht auch, weil ich ein Gefühl dafür habe, solche Situationen von vornherein zu vermeiden. Dennoch liest man immer wieder traurige Geschichten darüber, dass ein schwules Paar von einer Gang verfolgt, drangsaliert und zusammengeschlagen wird oder dass Schwule beschimpft und beleidigt werden.

Paul hat diese Situationen jedoch noch nie erlebt. Ich glaube, er wird deshalb kein Opfer dieser Übergriffe, weil er so männlich rüberkommt. Da kommt keiner auf die Idee, dass er schwul sein könnte. Paul hält sich zurück und zeigt ungehobelten Menschen die kalte Schulter und ignoriert sie. Er hat in dieser Hinsicht eine bewundernswerte Gelassenheit. Ich sag es hier voller emotionaler Überzeugung: Mein Mann Paul ist echt ein cooler Typ! Er hakt so was einfach ab und sagt, dass solche Menschen sich sowieso niemals ändern. Recht hat er. Ich bin zwar von Natur aus viel emotionaler als Paul, doch auf die Palme bringt mich das auch nicht. Wenn so etwas jedoch mal meinen Kindern passieren sollte – dann werde ich zum Wolf ... Zum Glück ist meine Familie stark. Und genauso wie meine Eltern mich zu einem selbstbewussten und starken Menschen gemacht haben, will ich auch meinen Kindern ein sicheres Fundament legen.

SEITENSPRÜNGE MIT DANKBARKEIT

Es erschließt sich mir auch nicht, was an der Sexualität eines schwulen Mannes so interessant ist. Insbesondere an meiner. Wenn es darum geht, bei mir spannende Storys ausfindig zu machen, geht man definitiv leer aus, denn ich bin stinknormal, oder sagen wir ruhig: beinahe bieder. Ich hatte zum Beispiel nie einen One-Night-Stand. So was gehört einfach nicht in mein Leben. Ich hatte immer feste und treue Beziehungen – sieben Männer gab es in meinem Leben –, drei davon waren richtig lang, die anderen Männer eher kurze Weggefährten, doch ich bin in meinen Beziehungen nie fremdgegangen. Für mich ist es ein schönes Gefühl, dass ich immer noch meine Glaubwürdigkeit habe.

Niemand kann sich das Maul über Seitensprünge zerreißen, während ich in einer Beziehung war. Meine Ex-Freunde haben da nicht immer mit derselben Treue geglänzt, da ist es zum Teil richtig arg zur Sache gegangen. Doch das ist in Ordnung, sage ich mir – und da sind wir wieder bei meinem positiven Denken und der Überzeugung, dass es gut ist, über Gegebenheiten zu reflektieren und Dinge wirklich zu durchdringen, ob da nicht vielleicht doch eine glückliche Fügung in Ereignissen steckt, die auf den ersten Blick einen sehr bitteren Beigeschmack haben. Aus dieser Perspektive betrachtet, gibt es einen Grund, warum es gut ist, dass mein letzter Partner vor Paul fremdgegangen ist: Ich habe dadurch meinen absoluten Traumpartner gefunden, mit dem ich nun seit 18 Jahren zusammen bin.

Ich habe ein wunderschönes Zuhause, eine tolle Familie, tolle Tiere, tolle Freunde. Wie wäre es wohl, wenn ich noch mit meinem Ex-Partner zusammen wäre und er mich hintergangen hätte, ohne dass ich es erfahren hätte? Ich durchdenke solche Dinge und versuche immer, aus auf den ersten Blick negativen Dingen das Positive herauszufiltern. Für mich ist mein Ex-Freund ein Arschengel – verzeiht den Ausdruck, er ist nicht einmal böse gemeint. Ein Arschengel ist jemand, der eigentlich etwas Gemeines oder Doofes gemacht und Menschen verletzt hat, dadurch aber unbewusst etwas Positives angestoßen hat. Sei es, dass man durch dessen Aktion etwas Wichtiges gelernt hat, oder eben wie in meinem Fall, dass der Weg frei wurde für etwas neues Wundervolles.

Dass mir diese Sichtweise gelingt, betrachte ich als ein großes Geschenk. Denn da ich ansonsten ja ein sehr emotionaler Mensch bin und mir Dinge wirklich richtig zu Herzen nehmen kann, könnte ohne die Fähigkeit zu dieser Reflexion so manche Sache auch mit schlechten Gefühlen wie Überreaktion, Nachtragen und vorschnellen Urteilen enden. So etwas kann ich jedoch vermeiden, wofür ich dankbar bin.

So ergab es sich zum Beispiel, dass ich meinem Ex-Freund – als ich ihn eines Tages in Amsterdam wiedersah – für seinen Seitensprung gedankt habe. Natürlich sah er mich erst mit großen Augen an, als hätte ich ein seltsames Kraut geraucht, und verstand nicht, was ich meinte. Ich erklärte ihm, ich sei dankbar dafür, dass er fremdgegangen sei, denn dadurch hätte er mir ermöglicht zu erkennen, dass er nicht der Richtige für mich war. Wäre er nicht fremdgegangen, hätte ich vielleicht niemals Paul kennengelernt. Ich mochte meinen Ex-Freund als Menschen sogar immer noch gern, nur für eine Partnerschaft war er eben nicht der Richtige.

Doch was Fremdgehen und traumatisierende Geschichten betrifft, gab es im Bekanntenkreis meiner heterosexuellen Freunde eine Story viel heftigeren Kalibers, wie ich finde. Eine Freundin, ich nenne sie Katrin, ihren wirklichen Namen will ich hier nicht preisgeben, hat mir vor zwei Jahren von folgender Begebenheit aus ihrem Leben berichtet.

IN DEN FÄNGEN EINES NARZISSTEN

Katrin lief nach ein paar Singlejahren auf einer Party Stefan über den Weg, einem Mann in den Mittfünfzigern mit einer starken narzisstischen Persönlichkeitsstörung. Stefan ging sogleich offensiv damit um. Er sprach von seiner „Krankheit", seiner Therapie und den Tabletten, die er nehmen musste. Heute weiß Katrin, dass dieser offensive Umgang Teil seiner Strategie war. Indem er so offen davon erzählte, wie er seine Frau, seine drei Kinder, alle Menschen in seinem Umfeld und wahrscheinlich auch den Hund jahrelang betrogen und ein Doppelleben geführt hatte, nahm er seinem Gegenüber den Wind aus den Segeln. Denn jetzt würde er etwas ändern. Jetzt, mit seiner neuen Partnerin, könnte er endlich alles richtig machen.

Katrin verliebte sich in ihn, obwohl er ihr von der ersten Sekunde ihrer Begegnung genug Anlass gab, dies nicht zu tun. Zum ersten Date kam er drei Stunden zu spät und sagte ihr, er müsse eigentlich auch gleich wieder weg. Es ist nicht wirklich zu verstehen, doch er schaffte es, Katrin mit seinem Charme sanft zu machen, ohne sich überhaupt nur einmal zu entschuldigen.

Als die beiden sich kennenlernten, hatten sie schon jeweils eigene Urlaube geplant, die bereits in drei Wochen bevorstanden – Stefans Afrika-Safari, Katrins Berg-Expedition. Die interessante Koinzidenz: Katrin würde genau am Tag von Stefans Rückkehr aus Afrika ihre eigene Reise antreten. In Frankfurt. Nur ein paar Stunden nachdem er dort landen würde. Sie schlug mehrfach vor, dass sie sich ja kurz am Flughafen treffen könnten. Er ging nie darauf ein, und sie wagte nicht mehr, intensiver nachzubohren. Vielleicht war er ja einfach noch nicht so weit. Andererseits hatte er bereits am dritten Tag ihrer Begegnung gesagt: *Weißt du eigentlich, wie sehr ich dich liebe?* Eine Aussage, die nach so kurzer Zeit bei mir sofort die Alarmglocken aktivieren würde.

Stefan liebte Katrin also, so zumindest schrieb er es ihr morgens noch mal per WhatsApp. Dann jedoch flog er am Abend nach Afrika, ohne sich wie verabredet noch mal kurz bei ihr zu melden. Er entschwand einfach. Katrin war zu der Zeit bei Freunden und konnte es nicht fassen. Er war weg, ohne eine Nachricht, ohne irgendetwas. Einfach weg. Einen Billigring, den er ihr vorher noch geschenkt hatte, feuerte sie unter lautem Geschluchze in den Fluss.

Tage später kam eine SMS: *Ich vermisse dich.* Katrin war wütend und beschimpfte ihn per Textnachricht, er solle sich zum Teufel scheren. Doch Stefan ließ nicht locker. Er hätte beinahe das Flugzeug verpasst, es hätte völliges Chaos geherrscht, dann hatte er kein WLAN in Afrika, jetzt gäbe es zum ersten Mal wieder Netz ... und so weiter und so fort. Es ist kaum vorstellbar, aber er schaffte es tatsächlich wieder, sie zu besänftigen.

Das Spiel ging weiter. Er kam aus dem Urlaub, sie verreiste, sie kehrte zurück. Mit all ihrem Gepäck stieg sie in den Zug zu ihm, denn er wollte sie unbedingt und sofort sehen. Während der Fahrt arbeitete sie sich durch die vielen dienstlichen E-Mails, die sich während ihrer Abwesenheit angestaut hatten. Plötzlich stockte sie. Da war eine E-Mail mit Stefans Namen in der Betreffzeile. Und dann stand da: *Hallo Katrin, wir hatten eine tolle Zeit in Afrika zusammen und großartigen Sex. Aber Sex ist ja nicht alles, du kannst ihn wiederhaben. Viel Spaß, Resi.* Im Anhang ein Foto von Stefan und Resi.

ICH **SPRECHE** HIER ÜBER **MEINE SEXUALITÄT,** WEIL ICH **KEINE LUST** HABE, DARÜBER ZU **SPRECHEN.**

Katrins Gefühle und Gedanken fuhren Achterbahn. Fassungslosigkeit war also steigerbar. Sie war völlig paralysiert, als der Zug in den Bahnhof einfuhr, in dem Stefan schon auf sie wartete. Sofort stellte Katrin ihn zur Rede. Doch er hielt seine nächste strategische Spielkarte bereits in der Hand. Er weinte wie ein Kind, voller Selbstmitleid. Seine schreckliche Kindheit, seine schrecklichen Eltern, seine schreckliche Frau, seine schrecklichen Kinder. Keiner würde ihn verstehen. Von jetzt an würde er nur noch die Wahrheit sagen. Er fing gleich damit an: Er habe mit Resi auch nach dem Afrika-Urlaub geschlafen, einige Male, und ja, im selben Bett, in dem er heute mit Katrin hätte schlafen wollen. Er redete und redete. Sie schluckte und schwieg. Dann raffte sie all ihr Gepäck zusammen und wollte nur noch weg. Was für ein Irrsinn, dachte sie.

Sie stieg zurück in den nächsten Zug nach Köln. Freunde brauchte sie nun. Ablenkung. Andere, bessere Gedanken. Im Zug telefonierte sie die Liste ihrer Kölner Freunde durch.

Eine Stunde später saß Katrin am Rhein, inmitten ihres Haufens Gepäck, umringt von ein paar Freunden. Sie ließ sich in den Abend fallen, betrank sich, fühlte sich für einen Augenblick leicht und frei. Die Freunde gratulierten ihr, Stefan los zu sein, sie hätten ihn immer merkwürdig gefunden. Sie blieb über Nacht bei den Freunden.

Doch Stefan ließ nicht locker. Er bombardierte sie am nächsten Morgen mit Nachrichten. Er wolle reden. Er müsse doch noch so viel erklären. Eine Stunde später war er in Köln, sie saßen am Rhein, Katrin hörte wieder seine selbstmitleidigen Geschichten, und sie spürte erleichtert: Sie hatte sich entliebt. Trotzdem erfuhr die Story einen beängstigenden Höhepunkt. Denn Katrin entschied sich, dass sie so jetzt nicht gehen konnte, die Verletzung und Demütigung waren zu groß, sie musste bei ihm bleiben, so lange, bis sie wieder auf Augenhöhe mit ihm war. So versuchte sie, ihr irrationales Verhalten zu erklären. Sie zog sich zurück von anderen Menschen, sie wurde hin und her geworfen zwischen Scham und ihren zwanghaften absonderlichen Entscheidungen.

Dann endlich – nach sechs weiteren Monaten voller demütigender Episoden, mit denen man allein schon ein Buch füllen könnte – kam das Finale dieser unglaublichen Geschichte. Durch Zufall fand Katrin heraus, dass besagte Resi bei Stefan im Haus wohnte, in der Parterrewohnung. Er hätte es ihr nicht gesagt, weil er geglaubt habe, sie wisse es bereits, so Stefans Rechtfertigung. Ach so, ja klar. Vollpfosten! Und wie immer keine Entschuldigung, kein Wort, nicht etwa: Verdammt, ich habe Mist gebaut, es tut mir leid, das muss ja jetzt eine schlimme Entdeckung für dich sein. Nein, nur ein Schulterzucken und ein Ich-dachte-du-wüsstest-es. Dieses Highlight feierte Katrin dann zum ersten und hoffentlich letzten Mal in ihrem Leben mit einem glamourösen Abgang, indem sie einige Sachen zu Bruch gehen ließ, Dinge aus dem Fenster warf, Resi einen Besuch abstattete, ihre eigenen Sachen in Müllsäcke packte und aus dem Haus des Schreckens schaffte, ein Taxi rief und verschwand. Endlich. Für immer. Ein filmreifes Finale.

Einige Monate Therapie und Zen-Meditation haben Katrin glücklicherweise wieder zu der lebensfrohen Frau gemacht, die sie immer gewesen war. Zu den größten Geschenken gehört gewiss, dass sie jetzt von Herzen darüber lachen kann. Neulich hörte sie von der Freundin, durch die sie Stefan kennengelernt hatte, er hätte ganz rasch nach der Trennung geheiratet. Was für ein Menschenfänger ...

In heterosexuellen Beziehungen werden viele Frauen sehr oft Opfer solcher kranken Narzissten. Derartige Geschichten habe ich im homosexuellen Umfeld noch nicht gehört. Ist dieser narzisstische Beziehungsabgrund möglicherweise etwas, von dem homosexuelle Paare grundsätzlich verschont bleiben? Diese Frage habe ich mir schon öfter gestellt, wenn ich solche Storys in meinem Umfeld mitbekam. Ich kann dazu keine Antwort geben, doch das Thema scheint mir wirklich hochinteressant.

NIX ANDERES ALS ANDERSSEIN

Klar, Schwulsein bedeutet Anderssein. Denn die Mehrheit der Männer ist eben nicht schwul. Und alles, was anders ist als das Gängige oder die Norm, kann Unsicherheit hervorrufen. Und je nachdem, wie stark das Gefühl der

Unsicherheit ist, kann es zu einer Art Angst davor und folglich zu kompletter Ablehnung führen. Zum Glück werden die Berührungsängste mit dem Anderssein immer weniger, auch wenn noch viel zu tun ist, damit Menschen jedweder Orientierung überall fraglos akzeptiert werden.

Etwas, das sich zu meiner Freude positiv verändert hat, ist die unproblematische Veröffentlichung lustiger Posts. Beispielsweise Ross als Frau verkleidet. Früher hätte ich zweimal nachgedacht, ob ich so was mache. Aber jetzt? Problemlos kann ich bei Instagram, Facebook oder TikTok witzige Fotos oder Videos posten, die mich in eine Frau verwandelt zeigen. Die Leute haben Spaß daran. Es interessiert sie und stört sie nicht. Früher hätte es sie gestört. Da ich so gerne verrückte Sachen mache, freue ich mich, dass ich so etwas heute ohne Scheu tun kann.

Wenn man es mit freiem Geist betrachtet, ist letztlich jedes Thema interessant. Auch Schwulsein. Und wenn Leute sich damit befassen und neugierig sind, ohne die Absicht, schwule Menschen zu beleidigen oder abzuwerten, dann finde ich das sogar gut. Etwas zu lernen über Dinge, die einem selbst fremd sind, ist schließlich etwas unglaublich Spannendes. Aus diesem Blickwinkel macht ein Austausch über Schwulsein Spaß. Ich beobachte ja auch die Welt und denke über Dinge nach, die ich nicht verstehe. Zum Beispiel habe ich mich schon oft gefragt, warum es bei Partys viele heterosexuelle Männer gibt, die sich als Frau verkleiden. Ja, diese Frage stelle ich mir. Warum ist das so? Sie sind glücklich verheiratet und haben Kinder. Und trotzdem verkleiden sie sich auf Partys als Frau. Warum? Manchmal denke ich, dass es eher zu einem schwulen Mann passt, als Frau auf eine Party zu gehen. Jedoch wenn ich auf Partys gehe, verkleide ich mich nicht als Frau. Machen Männer dies vielleicht, weil ein bisschen Schwulsein in jedem steckt? Und weil sie diesem Aspekt so Ausdruck verleihen? Eine interessante Frage. Welches Kostüm würde ich wohl tragen, wenn ich gleich eine Party besuchen würde? Ich denke, ich ginge als Einhorn …

DER SEXUELLE MISSBRAUCH

Meine Fans wissen es, da ich schon in meinem ersten Buch *The Inside Me* darüber geschrieben habe: Als zwölfjähriges Kind wurde ich Opfer eines sexuellen Missbrauchs durch zwei junge Männer aus meinem Bekanntenkreis. Lange hat es mich gequält, doch gerade auch dadurch, dass ich schließlich begann, darüber zu sprechen, fand ich einen Weg, damit klarzukommen.

Für meine eigene Heilung war es ohne Frage ein Glück, dass ich meine Peiniger Louis und Thomas mit der konkreten Frage konfrontieren konnte:

Warum habt ihr das gemacht?

Sie waren damals weggezogen aus unserem Ort, doch ich hatte sie zufällig gefunden, in einer anderen kleinen Stadt, wo sie ein Restaurant und eine Bar hatten, 50 Meilen von meinem Elternhaus entfernt. Sie waren erstaunt, als ich plötzlich nach so vielen Jahren in ihr Restaurant kam.

Warum habt ihr das gemacht?

Meine Frage war einfach und schwerwiegend zugleich. Natürlich haben sie es verharmlost und von sich weggeschoben, indem sie es so darstellten, als hätte ich die sexuellen Übergriffe in meinem jungen Alter von zwölf Jahren gewollt. Was aber kann ein zwölfjähriger Junge hier eigentlich wollen und „wissen"? Als Kind waren diese Welten absolutes Neuland für mich und mir völlig fremd. Ich hatte keinerlei Schimmer, was Louis und Thomas wollten, ob sie schwul waren oder hetero. Ich wusste doch selbst nicht einmal, was ich war und was schwul überhaupt bedeutet.

„Ihr habt mich missbraucht!", sagte ich zu Louis und Thomas. „Ihr sollt wissen, dass ich mich an diesen Tag immer noch gut erinnern kann!"

Und dann habe ich alles rausgelassen. Wie niederträchtig es war, was sie mit mir gemacht haben. Wie schade es sei, dass ich sie nicht mehr anklagen konnte, weil es verjährt war. Doch dass ich nie vergessen würde, was sie getan hätten. Und dass sie irgendwann – nicht von mir, aber vom Leben – ihre Quittung dafür bekämen. Sie versuchten zu beschwichtigen, zu beruhigen. Ich müsse für mein Essen und Trinken in deren Restaurant auf keinen Fall bezahlen, ich sei eingeladen, so Louis. Ich nahm es nicht an. Sie hatten mein Leben beschädigt. Das kann man nicht mit Freibier und Essen heilen.

Immer wieder denke ich an die vielen anderen Menschen da draußen, die etwas in dieser Art erlebt haben. Viele enden in einem dunklen Loch, aus dem sie nie wieder emporkommen. Und ich frage mich, warum? Warum zieht es die meisten in diese schreckliche Dunkelheit? Warum habe ich das so gut hinbekommen? Warum bin ich so stark damit umgegangen? Wie habe ich das geschafft, obwohl ich auch misshandelt worden war? Manchmal sagt meine Mutter, das sei bestimmt der Grund, warum ich schwul bin. Natürlich hat das nichts damit zu tun. Sicher, die Täter könnten etwas Feminines an mir wahrgenommen und Lust verspürt haben, das auszunutzen. Sie haben nicht eine Sekunde über ihr Verhalten nachgedacht. Sie waren zwei sehr hübsche Jungs, und ich kann mich gut daran erinnern, dass ich sie damals sehr hübsch fand. Doch an so etwas habe ich im Leben nicht gedacht!

Es fasziniert mich selbst, wie ich dieses schreckliche Erlebnis allein ohne Therapie überwinden konnte. Ich möchte jedoch unbedingt ganz deutlich darauf hinweisen, dass ich diesen Weg niemandem empfehle. Rückblickend würde ich immer sagen, holt euch Hilfe, wenn euch so etwas widerfährt. Sprecht professionelle Stellen an, redet mit Freunden oder Familie, aber macht es nicht mit euch allein aus.

Sehr viel später habe ich einige Therapiesitzungen absolviert, um sicherzugehen, dass ich das schreckliche Ereignis wirklich gut verarbeitet habe. Auch das war richtig und wichtig. Ich habe es mittlerweile innerlich so verarbeitet, dass ich damit umgehen kann.

Was vielleicht auch dazu beigetragen hat, dass ich es so gut hinbekommen habe: Ich habe mir neue Ziele gesetzt. Ich habe mir immer neue Wege für mich ausgedacht. Das hat mir sehr geholfen. Ich hatte auf diese Weise einfach nicht die Zeit zu grübeln und nachzudenken. Auch Paul hat oft gefragt, wie ich es nur geschafft habe. Und wie es mir gelungen war, immer noch aufgeschlossen Körperkontakt gegenüber zu sein. Denn es ist ja oft so, dass Menschen sich nach einer Missbrauchserfahrung verschließen und als Schutzreaktion in sich zurückziehen.

Und dann denke ich schon wieder an Lindsay, da alles, was sie damals in unseren Gesprächen sagte, immer so kraftvoll und bedeutend gewesen war.

Du lebst nur einmal, betonte sie jedes Mal, wenn wir zusammenhockten und philosophierten. Versuche immer, das Beste daraus zu machen, auch wenn Leute ätzend sind. Schau auf diese Menschen und denk dir: Mein Gott, habt ihr ein schwieriges Leben ... irgendwas fehlt doch in eurem Leben, dass ihr so seid.

MISSBRAUCH MEISTERN

Kein Leben ist perfekt, Krisen gehören dazu. Das Tröstliche ist: Sie gehen immer vorüber. Wenn man gar nicht mehr weiterweiß, sollte man jedoch niemals davor zurückscheuen, Hilfe zu suchen. Meine Krise, die mir im Leben im Zusammenhang mit meiner Sexualität passiert ist, war der sexuelle Missbrauch. Ich habe mich damals zu lange selbst und ganz für mich allein damit beschäftigt, ohne mich jemandem zu öffnen. Das war sicherlich ein Nachteil. Sonst hätte ich viel früher verstanden, was mir passiert war, und mich getraut, es meinen Eltern oder einer anderen Person anzuvertrauen. Dann wäre es nicht 30 Jahre später immer noch so ein Thema für mich.

Hier möchte ich anderen betroffenen Menschen also unbedingt raten, es nicht so zu machen wie ich damals. Es ist immer besser, sich zu öffnen. Es gibt stets einen Weg aus der Talfahrt und überall Hilfe. Es gibt viele Organisationen, die in ausweglosen Situationen gute Ansprechpartner sind. Ich hätte diese Hilfe suchen müssen, doch ich wollte stark sein und alles selbst hinkriegen. Ich wollte den zwei Jungs, die sich so schrecklich über mich hergemacht haben, beweisen, dass sie nicht gewonnen hatten. Diese Scheißtypen sollten nicht das Gefühl haben, dass sie über mich gesiegt hatten. Ich war beinahe getrieben von der Obsession, es denen so richtig zu zeigen. Ein schlechtes Gewissen sollten sie haben.

Louis und Thomas haben die Sache immer so verkauft, als ob ich schuld wäre. In einem Kind Schuldgefühle zu erzeugen, ist sowieso eine ganz schreckliche Sache. Als kleiner Bub hatte ich folglich das schlechte Gewissen und ein beklemmendes Gefühl. Auch wenn ich gar nichts dafür konnte, fühlte ich mich schuldig. Der Schock und die Schuldgefühle, die sich durch das Geschehene in mich eingegraben hatten, machten mich stumm. Auf keinen Fall konnte ich darüber sprechen. Hinzu kam, dass ich im Laufe der Zeit ohnehin mit den intensiven pubertären Emotionen meiner Sexualität konfrontiert wurde. Und natürlich machte ich mir während meiner Entwicklung zum Mann auch Gedanken, ob meine sexuelle Orientierung möglicherweise Produkt des erlittenen Missbrauchs war. Eine souveräne, helfende und einfühlsame Hand hätte diese dunklen Gedanken sicher etwas schneller zerstreuen können. Doch da ich stumm blieb, gab es eine solche helfende Hand nicht.

Wie auch immer, ein solcher Vorfall ist etwas, womit man sich das ganze Leben beschäftigt. Bei mir ist das umso mehr der Fall, weil ich keine Therapie oder andere Hilfe gesucht habe. Es ist hin und wieder noch ein Thema für mich, doch ich kann inzwischen zum Glück gut damit umgehen. Ich verdanke dies – das muss unbedingt noch mal gesagt werden – zu einem nicht unerheblichen Teil den tollen Menschen, die ich immer um mich herum hatte und auch noch habe: meinem wunderbaren Mann Paul, meiner Familie und meinen Freunden.

KAPITEL 9

MEINE BERUFUNG, DIE BÜHNE

Mein Job ist wirklich mein größtes Glück überhaupt. Es ist nicht nur eine Arbeit für mich. Es ist meine Leidenschaft. Und was ich in den zurückliegenden 25 Jahren meines Jobs schon erlebt habe, ist das Schönste überhaupt. Ob es der Augenblick war, wo ich als dreijähriger Bub auf die Bühne kletterte, um mich an das Bein meines schauspielenden Papas zu klammern, die Begegnung mit Michael Jackson oder das wunderbare Erlebnis, einen Bambi zu bekommen, die Goldene Henne, die ganzen sagenhaften Live-Auftritte und Fernsehshows, in denen ich mitmachen durfte – es ist ein Job, der mir unendlich viel Freude macht und hoffentlich dadurch auch anderen Menschen für den Augenblick etwas Glück schenkt. Und es ist wirklich ein Job, der hundertprozentig zu mir passt.

JOB: MEHR FRUST ALS LUST?

Ich sage dies jetzt ganz besonders für die Menschen, die in einem Job stecken, in dem sie überhaupt nicht glücklich sind: Verändert euch und macht etwas anderes! Sucht eine neue Tätigkeit, die euch Freude macht! Es ist schlimm, wenn man aufwacht und sich sagt: Heute will ich nicht zur Arbeit gehen.

Natürlich weiß ich, dass es nicht immer so einfach ist, einen neuen Job zu finden, und vor allem einen Job, der richtig erfüllend ist. Trotzdem dürft ihr euch auf keinen Fall dem Schicksal ergeben und aufgeben, wenn ihr unzufrieden mit eurem Job seid. Eine Situation verbessern könnt ihr immer. Denkt daran: Wir alle haben nur dieses eine Leben! Wie sagt man so schön: *Jeder Weg beginnt mit dem ersten Schritt.* Der erste Schritt wäre eine Bestandsaufnahme der aktuellen persönlichen Lage in Gegenüberstellung mit Ideen oder Wünschen zu einem neuen erfüllenden Job. Dann recherchiert, welche Jobs es in dem bevorzugten Bereich gibt, sprecht mit Familie, Freunden, Bekannten, erkundigt euch bei Ämtern nach allen Möglichkeiten. Lasst euch vielleicht sogar auch mal coachen, um dabei möglicherweise etwas Neues über euch selbst zu erfahren, indem ein Coach euch hilft, euch selbst aus der Adlerperspektive anzuschauen. Es ist erstaunlich, welche überraschenden

9 MEINE BERUFUNG, DIE BÜHNE

Dinge dabei zutage treten können und wie der Horizont sich weiten kann und alles plötzlich in einem ganz anderen Licht erscheint.

Eine weitere wichtige Reflexion, die ihr anstellen müsst: Kalkuliert einmal konkret, wie viel Geld ihr zum Leben braucht. Oft schieben Menschen das Gehalt als Ausrede vor, um weiter in ihrem Job zu bleiben, auch wenn er sie unglücklich macht. Diese Ausrede ist aber immer ein Eigentor. Denn auf sehr vieles kann man tatsächlich verzichten – wir haben es ja beim Corona-Lockdown erlebt, wie genügsam man leben kann, ohne wirklichen Mangel zu erleiden. Kernfragen sind:

Benötige ich das große Gehalt, das ich in dem frustrierenden Job verdiene, wirklich? Kann ich mit weniger Geld meine wichtigen Lebenshaltungskosten decken und dabei noch einen kleinen Betrag regelmäßig sparen? Wie viel brauche ich konkret? Und lässt sich diese kleinere Summe vielleicht sogar mit einem kleineren Zeiteinsatz verdienen, sodass Zeit frei wird, die ich mit irgendeiner sinnstiftenden Tätigkeit füllen kann, die ich immer schon mal machen wollte? Vielleicht ein Ehrenamt im Tierschutz oder Umweltschutz? Oder was anderes?

Tatsächlich lohnt es sich oft, Gehaltseinbußen in Kauf zu nehmen, wenn man dafür Zufriedenheit und Sinn erlebt.

Und bei all dem Nachdenken und aller Ehrlichkeit zu sich selbst stellt man manchmal überrascht fest: Eigentlich ist mein Job richtig für mich, nur die Bedingungen nicht. Dann ist die Kernfrage: Was kann ich an den Bedingungen ändern, damit meine Arbeit mir wieder Freude macht?

Macht euch wirklich diese Gedanken, wenn ihr in eurem Arbeitsalltag nicht zufrieden seid. Ihr verbringt so viel Lebenszeit mit eurer Arbeit, da ist es absolut elementar, dass ihr die bestmöglichen Bedingungen beziehungsweise die Tätigkeit erschafft, die euch die meiste Freude machen. Wie gesagt, leicht ist es nicht immer, sich neue Wege zu erschließen. Und es ist auch kein Erfolg ohne engagierten Einsatz möglich. Doch es gibt neue Wege. Sie lassen sich ebnen und gehen, und sie bringen garantiert mehr Zufriedenheit und Lebensglück. Also, wartet nicht länger, wenn ihr betroffen seid! Macht euch auf den Weg!

DER HARTE WEG NACH OBEN

Das schönste Geschenk für mich – und das kann ich gar nicht oft genug sagen – ist die Reaktion der Menschen, wenn ich auf einer Bühne stehe und meine Show präsentiere. Die Fans flippen aus, sie jubeln, haben Spaß, tanzen, springen – ich habe das Gefühl, dass die Menschen im Publikum alle in Euphorie sind. Sie empfinden in dem Moment richtige Freude, die Sorgen sind für diesen Augenblick vergessen. Sie genießen die Show, haben Spaß und gehen mit einem Lächeln nach Hause.

Ich kann es nicht anders sagen: Mein Job ist einfach toll! Ich bekomme ein unbeschreibliches Feedback, die Leute sagen mir, was sie mögen, aber auch wenn sie etwas nicht mögen, was ebenfalls toll ist, weil es mir sehr weiterhilft. Ich weiß ja, dass es nicht gegen mich als Person geht, sondern um die Sachen, die ich mache. Dass niemand perfekt ist, habe ich in all den Jahren schließlich gelernt. Ich werde nie perfekt sein. Natürlich versuche ich, das

Beste zu geben, doch es wird nie passieren, dass es perfekt ist, und das macht überhaupt nichts – Hauptsache, es ist echt.

Auch wenn es bei der ganzen Freude, die ich an meiner Arbeit habe und nach außen trage, oft nicht gleich sichtbar wird, so musste ich natürlich wie andere Menschen auch hart für meinen Erfolg arbeiten. Es ist mir nicht alles so zugeflogen. Etwas Glück kam sicherlich dazu. Zum Beispiel das Glück, dass meine geliebte Oma Muffy, zu der ich ein wahnsinnig inniges Verhältnis hatte, ebenfalls von Anfang an gespürt hat, wohin mich meine Sehnsucht trieb. Und so nährte sie bereits als ich klein war meine Begeisterung fürs Theater, und ich erinnere mich noch sehr genau, wie sie mir damals aus ihrem Schauspielerleben erzählte. Ein kleiner Junge war ich, gerade sechs Jahre alt, und doch wusste ich schon sehr früh, was mich begeistert und was ich später einmal machen wollte. Zwei Jahre nach diesem Gespräch mit Oma Muffy stand ich in meiner kleinen Heimatstadt Bridgnorth als achtjähriger Bub auf der Bühne im Kindertheaterstück *Mother Goose* im Theatre on the Steps.

In wacher Erinnerung habe ich auch, wie meine Eltern mir immer gezeigt haben, wie die Welt beschaffen ist, was man alles lernen muss und dass Geld nicht wie süße Äpfel auf den Bäumen wächst, sondern dass jedem Lohn persönlicher Einsatz und Arbeit vorausgehen müssen. So hatte ich bereits mit elf Jahren meinen ersten Job und trug Zeitungen aus. Ein weiterer Job in einem Obstladen kam hinzu und auch in einem Restaurant habe ich ausgeholfen. Meiner Mutter war es ein großes Anliegen, mir zu zeigen, was es bedeutet, Geld zu verdienen, und wie wichtig es ist, für sich selbst zu sorgen, und vor allem, dass man Geld wertschätzen muss und es nicht einfach verantwortungslos aus dem Fenster schmeißen kann.

Als ich die Schule mit einem guten Abitur beendete, bekam ich zwar die Zusage für ein Psychologiestudium, für das ich mich ebenfalls beworben hatte. Ich denke, ich hätte auch in diese berufliche Schiene gut hineingepasst, denn ein großes Bedürfnis, Menschen zu unterstützen, hatte ich schon als Kind, und es besteht ja bis heute fort. Mein größerer Traum aber war die Bühne, und ich beschloss, dieses Ziel weiterzuverfolgen. Die beiden Top-Wünsche, die ich im Leben gerne verwirklichen wollte: Popstar werden und dann Schlagerstar.

SCHLAGER SIND WIE DIE INNERE WÄRME, WENN MAN GLÜHWEIN TRINKT. DAS IST PURES GLÜCK.

9 MEINE BERUFUNG, DIE BÜHNE

Ich bewarb mich nach dem Abitur sogleich bei Plattenfirmen und Musikkonzernen. Leider ohne Erfolg. Rückblickend war es wahrscheinlich gut so. Meine Entscheidung fiel somit auf die Dramaschule Guildford School of Acting, die mich nicht nur aufnahm, sondern mir sogar ein Stipendium anbot. Das war der wahre Segen, da es meine Eltern entlastete, die mich ohnehin genug unterstützten. Und wie glücklich konnte ich mich schätzen, dass sie weiterhin hinter mir standen und drei Jahre lang die andere Hälfte der Schulgebühren bezahlten, die durch das Stipendium nicht abgedeckt waren. Die Dramaschule stellte ich mir als Türöffner zu meinem nächsten großen Ziel vor: die Popstar-Karriere. Wenn ich erst einmal das Diplom in der Tasche hatte, würden sich die Tore zu dieser Welt öffnen. Daran glaubte ich fest.

Die Dramaschule wurde die härteste Zeit meines Lebens mit vielen Höhen und Tiefen. Die Anforderungen an uns Studenten waren enorm. Zwischen sieben und vierzehn Stunden Unterricht täglich, Gesang mit intensiven Stimm- und Sprechübungen, Tanz verschiedenster Richtungen, Ballett, Jazzdance, historischer Tanz, dazu stetiges Training der körperlichen Fitness. Es war eine unglaublich harte Zeit, in der ich auf dem Zahnfleisch kroch und oftmals kapitulieren wollte. In dieser Zeit kam ich durch Chris, meine erste große Liebe, in Kontakt mit Drogen. Labil wie ich durch die ständige Erschöpfung war, wurden Ecstasy, Speed und Koks schnell zu meinen täglichen Begleitern. Es war nicht einmal etwas Seltsames daran, denn fast alle Studenten schöpften ihre Durchhaltekraft aus Aufputschdrogen. Nebenbei jobbte ich in einem Club. Auch dort bestimmten Drogen das Leben und überschatteten bald mein wirkliches Sein. Ich mischte mit, rauchte und trank noch obendrauf und entfernte mich immer weiter von mir selbst.

Die Kehrtwende zurück zu dem Ross, der ich eigentlich war, begann so plötzlich, wie auch der Absturz erfolgt war. Im Club fielen eines Abends Schüsse während meiner Schicht. Ein Mann starb, von einer Kugel getroffen, in einer Blutlache. Ich war starr vor Entsetzen, kündigte den Job im Club und wusste: Mein Leben musste eine Veränderung erfahren.

Die Dramaschule forderte weiterhin harte Arbeit und Disziplin, und ich wusste nicht, wie ich diesen Anforderungen ohne Drogen standhalten sollte.

Immer wieder folgten lange Tage mit wenig Schlaf, viel Härte und ohne Mitleid. Entweder man hielt durch oder flog raus. Letztlich aber war das der notwendige Grundstein für alles, was später kam. 1995 beendete ich endlich die Dramaschule und hatte mein Diplom in der Tasche. Auch von den Drogen hatte ich mich noch während meines Studiums lösen können. Mein zweiter Partner Mark war mir dabei eine große Stütze, wenngleich unsere Beziehung nur ein Jahr halten sollte.

Auch heute muss ich für meinen Job natürlich immer noch auf meine körperliche Fitness achten und vor allem auf meine Stimme, die wochenlang halten muss, ohne heiser zu werden. Daher achte ich beispielsweise oft darauf, was ich esse. Und wenn ich Moderatorenjobs habe, lerne ich den ganzen Tag Texte auswendig. Ich spreche zwar inzwischen ganz gut Deutsch, aber bin dennoch kein Muttersprachler, sodass dies von mir eine Menge fordert. Die Betonung muss stimmen und das Timing. Alles muss auf den Punkt geplant sein und sitzen.

2001 bis 2005 hatten wir als Bro'Sis einfach eine super Wahnsinnszeit!

Als ich mein Diplom an der Dramaschule bestanden hatte, arbeitete ich zunächst eine kurze Zeit als Musicaldarsteller in England. 1997 zog ich nach Deutschland, wo ich als Musicaldarsteller mit der Welturaufführung des wunderbaren Musicals *Catherine* begann. Doch mein sehnlicher Traum, Popstar zu werden, lebte in mir verborgen immer noch fort. Dass ich mich 2001 bei einem Casting gegen rund 2000 andere Bewerber durchsetzen konnte und Mitglied der Band Bro'Sis werden würde, hätte ich damals im Leben nicht vermutet. Fünf Jahre feierten wir mit unserem Band-Sextett, bestehend aus vier Männern und zwei Frauen, recht beachtliche Erfolge. Auf dem Höhepunkt meiner Popstar-Karriere mit Bro'Sis lernte ich 2003 meinen Traummann Paul kennen.

SCHLAGERFANS SIND NICHT ZU BREMSEN

Es war aber nicht nur der Popstar-Traum, den ich seit ewigen Zeiten in mir getragen hatte. Die Schlagerwelt hat mich ebenso immer gereizt. Ich erinnere mich genau daran, wie ich 1997 nach Deutschland kam und zum ersten Mal im Radio die Lieder hörte. *Aber bitte mit Sahne* und *Eine neue Liebe ist wie ein neues Leben*. Ich war total fasziniert von dieser Musik und klar war: So etwas wollte ich irgendwann auch mal machen. In England hatten wir solche Schlagermusik nicht, es gab ähnliche Künstler der Produzenten Stock Aitken Waterman wie Kylie Minogue, Jason Donovan, Mel & Kim und weitere. Doch Schlager in dem Sinne waren das nicht.

Ich erinnere mich an Musicals, in denen es auf Festivals für uns Darsteller die Möglichkeit gab, mit Schlagersängern aufzutreten. Dabei bekam ich hautnah mit, wie die Songs beim Publikum ankamen, beispielsweise bei Auftritten mit Jürgen Drews, Antonia aus Tirol oder Roberto Blanco. Die Leute im Publikum sind ausgeflippt und waren nicht zu bremsen. Ich war hin und weg – das wollte ich auch! Ich wollte diese Songs singen, bei denen ich erleben konnte, wie die Leute vor Begeisterung ausrasteten.

Und dann auf einmal war es tatsächlich so, dass sich ein paar Jahre nach meiner Bro'Sis-Karriere die Schlagerwelt ganz von selbst für mich öffnete. Meine Plattenfirma Telamo kam auf mein Management zu und signalisierte Interesse, mit mir eine Schlagerkarriere aufzubauen. Ich konnte es kaum glauben – nun würde ich Gute-Laune-Songs singen. Mein erstes Album *Meine neue Liebe* im Jahr 2013 war direkt ein Erfolg. Auch nachfolgende Alben wie beispielsweise *Goldene Pferde* oder *Aber bitte mit Schlager* erhielten eine super Resonanz. Mein Album *Schlager lügen nicht* war meinem Papa schon gewidmet, als er noch lebte. Er kannte alle Songs des Albums, denn er hatte sie mit ausgesucht. Leider hat er das Endprodukt dann nicht mehr gehört. Und ich hätte nie gedacht, dass ich so ein tolles Album rausbringen würde und die Menschen es so annehmen würden. Ich bekomme sehr gute Resonanz und wunderbares Feedback. Die Leute feiern es.

Manchmal begreife ich selbst nicht, dass ich immer noch dabei bin und all das machen kann, was ich immer schon machen wollte. Als ich nach Deutschland kam und zum ersten Mal diese Songs hörte, wünschte ich mir von ganzem Herzen die Chance, eines Tages selbst Schlager zu singen. Und ich glaubte fest daran, irgendwann würde ich diese Möglichkeit haben.

Das Schönste an der Schlagermusik ist: Man muss kein Knusperprinz von 21 Lenzen sein, um erfolgreich durchzustarten. Auch mit 55 kann ein Schlagerstar sich noch in die Herzen des Publikums singen. Das finde ich absolut großartig. Und das Besondere an der Schlagercommunity: Sie ist wirklich wie eine große Familie. Das sagen wir auch selbst, wenn wir uns bei irgendeinem Event oder zu anderen Gelegenheiten sehen. Es ist ein tolles Gefühl, wir verstehen uns wirklich gut untereinander, und auch unsere Fans sind treu und unterstützen uns enorm.

Mein Lieblingssong auf meinem letzten Album? *Ich bin, was ich bin!* Der Song ist mir sehr wichtig, weil er eine schöne Botschaft hat: Es ist egal, wie oder wer man ist, ob schwul, hetero, hell, dunkel, jung, alt – oder was auch immer. Jeder Mensch verdient Respekt! Einige meiner Fans haben schwere Schicksale durchgemacht. Ich möchte ihnen mit diesem Song auch zeigen, dass man immer kämpfen und weitermachen soll.

KAPITEL 10

ICH BIN EIN STAR – HOLT MICH HIER RAUS!

Das Jahr 2007 wurde für mich zu einer besonderen Schnittstelle – das Verbindungsstück zwischen meinem bisherigen Leben und allem, was noch vor mir lag. Das lebendige Licht von Bro'Sis war erloschen. Wir hatten uns als Band getrennt. Unklar war, was kam. Neuorientierung stand nun ganz oben auf der Agenda. Für jeden von uns. Rückblickend habe ich in diesem Schwebezustand 2007 etwas sehr Sinnvolles gemacht, was ich jedem Menschen wirklich empfehlen kann, der irgendwie zwischen den Welten hängt und seinem Leben eine neue Richtung geben möchte: Ich begann, mein Leben zu reflektieren und aufzuschreiben. Mein erstes Buch entstand: *The Inside Me*.

Dies heißt nicht, dass jeder unbedingt gleich ein Buch schreiben muss, wie ich es gemacht habe und jetzt wieder tue. Es geht im Kern eher um das bloße Niederschreiben von Erinnerungen, Gedanken, Gefühlen. Diese intensive Reflexion und Auseinandersetzung mit sich selbst ist von unschätzbarem Wert. Für jeden Menschen. Natürlich kann es sein, dass dabei ein gutes Buch entsteht. Doch das wäre eine „Begleiterscheinung" und ist für die persönliche Entwicklung nicht von Bedeutung. Das Kraftvolle und Entwicklungsstarke ist das Schreiben selbst. Während des Schreibens weitet sich der Zugang zum eigenen Inneren enorm. Schreiben bringt Struktur und Ordnung in die Gedanken, es ermöglicht eine distanzierte und aufgeräumte Betrachtung alles Gewesenen und vor allem auch die Be- und Verarbeitung von belastenden Erlebnissen, die möglicherweise in der Vergangenheit nicht vollständig überwunden und verarbeitet wurden. Belastende Erlebnisse gehören im Leben dazu, es ist ein ewiges Auf und Ab, und alle Menschen machen ureigene unterschiedliche Erfahrungen, die in ihnen mehr oder weniger tiefe Wunden oder Prägungen hinterlassen.

Auch wenn ich immer als Strahlemann mit Sonnenscheinstimmung rüberkomme und am liebsten – und in der Tat meistens – gute Laune habe: Es gibt, wie ich einige Male schon betont habe, auch in meinem Leben belastende Erlebnisse und bedrückende Erfahrungen, die nicht leicht für mich waren oder sind und sorgfältiger Verarbeitung bedürfen. Wer mein Buch *The Inside Me* gelesen hat, weiß das und hat meine ernste und nachdenkliche Seite ja schon ein wenig kennengelernt. Als ich das Buch *The Inside Me* mit der Unterstützung von Nadja Otterbach schrieb und darin die Stationen meines Lebens bis zum Jahr 2007 erzählte, lebte mein geliebter Papa noch und ich wusste noch nicht, wie sehr mich später sein Verlust treffen würde. Doch natürlich hatte es zuvor – wie in jedem Menschenleben – auch andere Krisen in meinem Leben gegeben, bei deren Verarbeitung das Buch mir sicher half. Die traumatische Erfahrung des sexuellen Missbrauchs im Alter von zwölf Jahren, das aufwühlende Erleben meiner eigenen Sexualität und mein Schweigen über die eigenen Gefühle während der Pubertät bis zum Erwachsenwerden, teils aus Scham, teils aus Rücksichtnahme auf andere, die meine Gefühle möglicherweise nicht verstehen konnten oder wollten, Drogenkonsum, Liebeskummer, Selbstzweifel – es gibt eine ganze Reihe von Dingen, die das beliebte Strahlen in meinem Gesicht verdunkelten. Ich kenne sie, die Schattenseiten. Doch verfügte ich zum Glück immer über gute persönliche Strategien, starken familiären Rückhalt und tolle Freunde, um Krisen zu bewältigen.

Das Jahr 2007 war ein ideales Jahr für mich, das Buch zu schreiben, mein Leben zu reflektieren, noch nicht Verarbeitetes weiter oder zu Ende zu denken und zu verarbeiten und dadurch den Kopf zu leeren und mich für neue Pläne zu öffnen. Denn etwas Großes, das mein Leben einige Jahre intensiv geprägt hatte, war ja nun vorbei: Bro'Sis. Die Band war Geschichte. Und ein wirklich klarer neuer Weg hatte sich vor mir noch nicht aufgetan. Ich befand mich in einer Phase, in der ich mich nicht entscheiden konnte, wohin es gehen sollte. Es war zwar nicht der absolute Stillstand nach Bro'Sis, doch richtig viele Engagements und Arbeit hatte ich zu jener Zeit auch nicht. In Deutschland bleiben? Nach England zurück? Wir hatten natürlich noch Geld aus meinem Bro'Sis-Verdienst. Und es gab ja auch die Pension von Pauls Eltern, die wir übernommen hatten, ein zweites Standbein sozusagen. Der Gedanke, Hotelbesitzer zu sein, gefiel mir zudem, da ich mich gerne um Menschen kümmere, eine schöne Umgebung für sie erschaffe, einen Platz zum Wohlfühlen. Warum also nicht einen neuen Lebensabschnitt beginnen und zurück nach England? – In meinem Kopf wirbelten die Gedanken durcheinander, jedoch ohne wirklich davon überzeugt zu sein, einen neuen Weg zu einem neuen Ziel zu generieren.

AUF IN DEN DSCHUNGEL

Als sich dann in dieser Phase die Tür zum Dschungel öffnete und ich ausgewählt war, beim RTL-Format *Ich bin ein Star – Holt mich hier raus!* an Bord zu kommen, spürte ich: Das war das Beste, was mir passieren konnte. Die Vorstellung, im Dschungel fernab von jeglicher Zivilisation und Außenwelt, weit weg von zu Hause, ohne Internet, Handy, Fernsehen in eine vollkommen andere Welt geworfen zu werden, schien mir der perfekte Reset-Knopf zu sein. Mich selbst quasi in die persönliche Werkseinstellung zurückzusetzen, um mich von dort aus völlig neu auszurichten – welche Maßnahme könnte das wohl besser schaffen, als 17 Tage Grenzerfahrungen im Dschungel! Wer hat schon die Chance einer solchen Erfahrung. Die anderen Campteilnehmer haben das sogar ähnlich beschrieben. Auch waren wir zum Glück eine sehr harmonische Gruppe.

Schon als 2002 in England das Originalformat des deutschen Dschungelcamps, die Show *I'm a Celebrity – Get Me Out of Here*, startete, habe ich die ersten Staffeln genau verfolgt, und es hat mich sofort gereizt, so etwas irgendwann mal mitzumachen. Die meisten Bewerber machen es wegen des Geldes, das sie dafür bekommen. Klar ist das Geld eine nützliche Sache, doch mir zumindest ging es nicht um das Geld, auch wenn es natürlich eine nette Beigabe war.

Vielmehr malte ich mir aus, wie es wohl sein würde, so viele Tage im Dschungel zu leben. Und vor allem wollte ich wissen, ob es wirklich so ist, wie es im Fernsehen rüberkommt, oder ob alles nur ein Fake ist und der wahre Drehort letztlich doch mitten in Köln in irgendeinem Studio mit entsprechend hergerichteter Kulisse ist. Viele Leute denken ja tatsächlich, es ist in einem Studio in Ossendorf und es wird Pizza geliefert am Abend und man dürfte danach nach Hause gehen. Aber natürlich ist das Quatsch.

Und nun sollte ich wirklich im Team der dritten Staffel den Kampf um die Krone des Dschungelkönigs antreten – was für ein Abenteuer, dachte ich. Dass ich als Gewinner aus der Show hervorgehen würde, damit hatte ich nie im Leben gerechnet. Mir ging es darum, einfach nur mitzumachen, um Spaß zu haben und den Kopf auszuleeren und so lange im Team zu bleiben wie möglich. Paul aber sagte schon, bevor es überhaupt losging:

„Es wird sich jetzt in unserem Leben alles wieder ändern, du wirst zurückkommen und gewonnen haben, und dann bleiben wir in Deutschland."

Er sollte recht behalten.

DAS DSCHUNGEL-CAMP WAR FÜR MICH EINE ART THERAPIE.

70 GRAMM REIS UND BOHNEN

Als dann mein Dschungelabenteuer begann, wurde mir gleich klar: Wir sind wirklich im Dschungel und nicht in irgendeiner Kölner Fake-Kulisse. Die Reise ging tatsächlich nach Australien, in den richtigen Dschungel. Von jetzt auf gleich waren wir in einer anderen Welt, fort aus der Zivilisation, ohne Luxus, ohne Handy und Computer und andere Technik. Strom und Empfang gab es sowieso nicht. Wir lebten in freier Natur.

Dass wir im Camp kein Handy haben durften, war für mich eine Erlösung, für die anderen jedoch echt schwer. Sie hatten richtige Entzugserscheinungen. Und sie waren auch sichtbar erlöst, als sie rausgewählt wurden – endlich! Jetzt konnten sie wieder essen und ihre Handys und Laptops bei sich haben. Ich habe in der Campzeit nur einmal meine Mutter angerufen, das war's. Die anderen konnten sich im Camp zunächst ohne Handy überhaupt nicht beschäftigen. Ich versuchte immer, sie zu etwas gemeinsamer Aktivität zu animieren oder zusammen Holz zu holen, ich erfand dumme Spiele, wie *Dschungel sucht den Superstar* oder *Gute Zeiten, schlechte Zeiten im Dschungel* und anderen Blödsinn. Ich dachte immer, wir müssen doch irgendwas Gemeinsames hinbekommen. Aber die anderen konnten sich nur schwer beschäftigen. Das ist eine bedenkliche Entwicklung, alle sind immer nur mit dem Handy beschäftigt. Alle haben Instagram, Facebook, Twitter oder TikTok. Ich frage mich auch, wie wird Fernsehen in 50 Jahren sein?

Der Alltag bestand aus unangenehmen Prüfungen und Aufgaben, bei denen es galt, rote und gelbe Sterne zu ergattern, damit das Team Essen auf den Teller bekam. Schaffte der auserkorene Prüfling die Aufgabe nicht und wurden keine Sterne heimgebracht, so sah die Essenssituation mau aus. Keine Sterne bedeutete wenig Essen. Wenn es ganz schlecht lief, gab es als Grundversorgung 70 Gramm Reis und Bohnen am Tag. Das war's. Wir bekamen eine leise Ahnung davon, was es bedeutet, Hunger zu haben. Kein Wunder, dass ich in den 17 Tagen Dschungelcamp elf Kilo abgenommen habe.

Das Erstaunliche aber war: Das Dschungelcamp hat mir sagenhaft gutgetan. So viel Wert ich auch im „normalen" Leben auf Gepflegtsein,

Kultiviertheit und Ziviliziertheit lege – der Dschungel war für mich letztlich ein wunderbares Erlebnis, sodass ich noch heute Dankbarkeit dafür empfinde, dass RTL mich ins Team aufgenommen hatte. Es hat mir nichts ausgemacht, dass es keine sanitären Anlagen gab und wir zum Waschen nur einen Wassertümpel und eine Wasserfalldusche hatten. Es störte mich nicht, dass alles, was geschah, sich in freier Natur abspielte. Wenn es geregnet hat, hat es geregnet, und wir wurden nass – ganz einfach. Wir waren immer auf engster Tuchfühlung mit der Natur. Für mich war es tatsächlich eine Art Therapie. Es war ein Weg, Gedankenkreise, Ärger und Unzufriedenheit loszulassen. Es war eine Art, einfach mal wieder runterzukommen. Man konnte sowieso nichts machen in diesen 17 Tagen, in denen man im tiefsten Dschungel weit weg von zu Hause war. Es gab keine Möglichkeit, da rauszukommen, außer wenn man diesen besagten Satz gerufen hätte: *Ich bin ein Star – Holt mich hier raus!*

Doch ich war fest entschlossen, diese Zeit so lange ich nur konnte durchzuhalten oder besser: sogar zu genießen. Ja, wirklich genießen. Klar wollte ich genau wie alle anderen im Team möglichst wenige dieser unangenehmen Prüfungen machen. Doch im Nachhinein finde ich auch gut, dass ich all das gemacht habe. Es hat mich herausgefordert und mir gezeigt, wie ich bin und was ich mit eisernem Willen schaffen kann.

Und es hat mich auch meinen Fans von einer anderen Seite gezeigt. Als ich noch in der Band war und wir mit Bro'Sis auf Tour gingen, da war ich einer von sechs anderen. In einer Band ist man Teil eines größeren Ganzen und die Fans kennen uns persönlich oder privat nicht wirklich. Doch im Dschungelcamp konnte ich symbolisch alle Hüllen fallen lassen und mich so zeigen, wie ich bin. Dafür bin ich sehr dankbar. Ich habe zum Glück keine Berührungsängste, begegne allem eigentlich immer unvoreingenommen, was mir natürlich ebenfalls geholfen hat, die Zeit zu genießen. Auch wenn es oft nicht leicht war, bin ich unglaublich dankbar für diese Art Escapism. Ich konnte weg von meinen Sorgen. Ich hatte zwar nicht wirklich viele ernste Sorgen, aber ich wollte diesen Schwebezustand überwinden und zu Klarheit gelangen, wie mein Weg nach dem Ende von Bro'Sis weitergehen konnte.

Beruhigend war zweifellos: Weil wir mitten im Dschungel waren, wurden wir sorgfältig von Rangern bewacht. Wir sahen sie kaum, doch sie waren immer da, und es waren viele Wachen, die rund um das Camp aufpassten, dass keine gefährlichen Tiere hineinschlichen. Immer wieder kam es vor, dass ein Ranger plötzlich auftauchte und große Spinnen, Schlangen oder Ratten aus dem Camp trug. Man achtete sehr genau darauf, dass es uns gutging und uns nichts Gefährliches passierte.

Zu Beginn hatten wir ein zweistündiges Treffen mit Dr. Bob, dem Notfallsanitäter Bob McCarron, der uns eingehend alles erklärte und sämtliche Tiere vorstellte, die wir im Dschungel zu Gesicht bekommen würden. Alle werdet ihr sehen, sagte er, viele seien tödlich, weshalb wir sofort Alarm geben müssten im Fall einer Konfrontation mit einem solchen Tier. Es gab zum Beispiel eine gewisse Spinne, wenn die auftauchte, mussten wir Alarm schlagen. Diese Situationen wurden natürlich nicht im Fernsehen gezeigt, denn man wollte ja keine Panik verbreiten. So bekam in der Öffentlichkeit niemand mit, wie bei einem gefährlichen Vorfall immer zwei Leute ins Camp hereinrannten, mit einem riesigen durchsichtigen Fänger, mit dem sie die Spinne dann einfingen und nach draußen trugen. Für mich war es ein richtig spannendes Erlebnis, wie die Ranger alles genauestens beobachteten und untersuchten, oft mit Kameras und Infrarot. Mit ihrem Equipment konnten sie auch ganz kleine Tiere ausfindig machen, die wir im Leben nicht bemerkt hätten.

LEBENDIGE LEBENSMITTEL

Das wirklich Herausfordernde waren für uns Campbewohner logischerweise die Prüfungen. Die vielen Prüfungen und Schatzsuchen, die ich machen musste, waren zugegebenermaßen überhaupt nicht mein Ding – ich muss gestehen, es war für mich teilweise echt die Hölle. Fast alles hatte mit Tieren zu tun, und in manchen Prüfungen mussten lebende Tiere gegessen werden. Für mich ist das eine ganz fürchterliche Sache, die mir die Tränen in die Augen trieb. Doch hat manches davon mich auch weitergebracht, beispielsweise

habe ich Ängste überwinden können. Die Angst vor Spinnen, Ratten oder Schlangen, die ich trotz meiner grenzenlosen Tierliebe hatte. Heute kann ich sogar eine Spinne auf die Hand nehmen, was ich früher im Leben nicht gemacht hätte. Ich lernte im Camp, mit diesen Tieren umzugehen, sie waren Bestandteil des täglichen Lebens. Etwa dann, wenn ich die Aufgabe übernommen hatte, mich um das Camp zu kümmern und Holz zu holen, und Schlangen zwischen dem Holz steckten und umherhuschten. Mit solchen Situationen musste ich klarkommen.

Glück hatte ich bei meinen vielen Prüfungen insofern, als dass sie sozusagen gestaffelt erst an Schwierigkeit zunahmen. So wurden die Prüfungen, die ich machen musste, von Aufgabe zu Aufgabe härter. Die letzte Prüfung für mich war dann diese schreckliche Essgeschichte. Ich konnte bei diesen gruseligen Aufgaben und vor allem, wenn es um Tiere ging, die Tränen oft nicht zurückhalten. Und doch, aufgeben war für mich einfach nie eine Option. Letztlich konnte ich diese fürchterliche Angelegenheit mit dem Ekel-Essen durchziehen, weil ich wusste, danach würde es keine Prüfung mehr geben. Es war die letzte – dann würde der Horror vorbei sein. Und so zog ich es durch. Die lebendigen Sachen waren für mich wie gesagt die größte Überwindung. Wenn ich wusste, dass ich zum Beispiel gerade einen Grashüpfer tötete, erstarrte ich bis ins Mark. Auch der Zuspruch von Sonja und Dirk half nicht, dass all dies Sachen seien, die von den Aborigines täglich verzehrt würden. Mag ja sein. Doch ich glaube, die Mahlzeit der Aborigines besteht nicht aus lebendigen krabbelnden Insekten, sondern eher aus gerösteten Heuschrecken, so ähnlich wie hierzulande gebrannte Mandeln. Mein Grashüpfer war ja lebendig. Ich bin ausgesprochen erleichtert, dass seit 2020 RTL und die Produktionsfirma des Dschungelcamps bei Prüfungen keine lebenden Tiere mehr als Mahlzeit auf den Teller bringen.

Die Hardcore-„Lebensmittel", die ich mir einverleiben musste, waren ein Krokodilpenis, ein Känguru-Anus, Regenwürmer, eine Grille und ein Kotzfrucht-Milchshake – das war alles unglaublich schrecklich. Für so was braucht man echt eine persönliche Strategie. Mir hat das „richtige" Essen geholfen, das sie auch immer danebengestellt haben – Wiener Schnitzel, Gummibärchen. Und man konnte letztlich ja auch wählen: entweder oder. Doch für das Schnitzel gab es natürlich keine Punkte. Wer einbrach und sich vor dem Schnitzelgericht wiederfand, war ein Loser.

Meine Strategie war, dass ich immer beim Essen der schlimmen Sachen intensiv an das Wiener Schnitzel oder an die Gummibärchen dachte. Als ich die Regenwürmer vorgesetzt bekam, habe ich mir also fast meditativ eingeredet: Schau nur, was für schöne Gummibärchen. Das sind Gummibärchen, keine Würmer. Es sind ganz fruchtige, wundervolle Gummibärchen ... Ich musste fünf Würmer essen, es war trotz meditativen Rossi-Voodoos schlimm. Dennoch: Das stetige positive Denken half mir, es zu schaffen. Ich habe es hingekriegt. Zu meiner eigenen Überraschung. Im Grunde verstehe ich im Nachhinein selbst nicht, wie ich das alles geschafft habe. Ich bin so ein tierlieber Mensch und kümmere mich ja sogar darum, dass die Ameisen nicht unter meinen Füßen sterben. Die Vorstellung, dass die lebenden Insekten nach dem Verspeisen derselben noch in meinem Bauch herumkrabbeln würden, war lange nicht so schlimm wie der Gedanke daran, die Tiere zu töten. Nun, am Ende habe ich all diese schrecklichen Sachen gegessen. Und auch wenn so etwas in manchen Kulturen und für manche Leute normal ist – für mich war es der reinste Härtetest.

WAS IM LEBEN WIRKLICH ZÄHLT

Was meine Zeit im Dschungel letztlich definitiv mit mir gemacht hat: Sie hat mir wieder eindeutig bestätigt, was im Leben wichtig ist und dass dies nicht das Materielle ist. Das war mir zwar vorher schon klar und es gehört ja zu den Werten, die mir bereits in Kindertagen von meinen Eltern beigebracht worden waren. Im Dschungel wurde dies jedoch noch mal so richtig präsent.

Dass wir, wie Paul korrekt vorausgesagt hatte, in Deutschland geblieben sind, weil sich plötzlich so sagenhaft viele Türen mit den unterschiedlichsten Jobangeboten öffneten, und ich auch 14 Jahre danach immer noch wahnsinnig viele tolle und abwechslungsreiche Angebote bekomme, die mir Freude machen, verdanke ich dem Dschungelcamp. Das Dschungelcamp hat jede Menge Türen für mich geöffnet, womit ich im Leben nicht gerechnet hätte. Natürlich hatte ich gehofft, dass vielleicht ja auch ein schönes Engagement dabei herumkommt, doch letztlich habe ich das Dschungelcamp vollkommen unverkrampft und ohne Erwartungen betreten. Ich hatte nichts zu verlieren. Paul und ich hatten überlegt, wieder nach England zu gehen, und dies sollte die letzte Erfahrung sein, bevor wir unsere Weichen in England neu ausrichten würden.

Als ich plötzlich Dschungelkönig war, konnte ich es immer noch nicht wirklich glauben. Damit hatte ich am allerwenigsten gerechnet. Ich wollte doch einfach nur diese außergewöhnliche und komplett neue Erfahrung machen, um mich nach einem vollständigen Reset neu zu sortieren. Natürlich habe ich mir auch überlegt, dass es schön wäre, wenn man auf mich aufmerksam werden würde und sich spannende Jobs anbahnen würden. Doch ich habe das nicht verbissen beschworen, sondern einfach auf mich zukommen lassen. Ich glaube, in der Art und Weise, wie ich im Dschungelcamp ins Rennen ging, lag letztlich auch mein ganzes Glück – das Glück, dass ich die Krone gewann, und das Glück, dass ich so viele tolle Angebote bekam, die mich schließlich in Deutschland hielten. Ich ging vollkommen relaxed an die Sache. Wie gesagt, ich hatte gar nichts zu verlieren. Und wenn ich mich im Dschungel blamierte, war das auch egal. Denn das hätte mir ja überhaupt nichts ausgemacht.

Ich glaube, das ist auch einer der Gründe, warum man mich in Deutschland mag: Ich kann mich mit Freude selbst verarschen. Etwas, das leider nicht viele Leute können. Und wenn sie es versuchen, sind sie oft verbis-

sen dabei. Über mich können die Leute alles erzählen, auch Schwulenwitze. Wenn es lustig, cool und mit Stil gemacht ist, finde ich es herrlich. Ein Witz ist ja ein Witz – das bedeutet, eine lustig-charmante Art und Weise, andere auf die Schippe zu nehmen und zu veräppeln. Witze, die ohne Argwohn aus dem Herzen kommen, kann man meiner Ansicht nach daher wirklich über alles machen. Traurig wird es dann, wenn es boshaft unter die Gürtellinie geht. Mir gefiele die Welt noch ein Stück besser, wenn nicht gleich jeder Witz auf die Goldwaage gelegt und durch die Zensur geschickt würde, wie es heutzutage oft der Fall ist, sondern nur Dinge, die ganz offensichtlich verletzend gemeint sind. Es ist schade, dass man so extrem aufpassen muss, was man sagt, um nicht rassistisch, fremden- oder schwulenfeindlich zu wirken.

JEDE MENGE JOBS UND DANKBARKEIT

Wo ich also schon mit einem Bein auf dem Weg nach England war, sollte das Dschungelcamp meine letzte Erfahrung sein in Deutschland. Dass der Dschungel zu einem enorm starken Sprungbrett für meine weitere Karriere werden würde, hatte ich nicht im Entferntesten geahnt. Als meine Managerin Romy, die mit mir nach Australien gereist war, wieder zurück nach Deutschland kam, hatte sie über tausend Mails im Postfach mit Anfragen für alles Mögliche. Leute wollten mich für Werbedeals buchen, für Shows, CDs, Auftritte – es war verrückt und ganz unglaublich. Es war das Beste, was mir in meinem Leben hätte passieren können. Romy plante gleich, in den nächsten Monaten alles, was machbar war, anzunehmen, die Aufträge einfach als schöne Zeit zu genießen und dann zu schauen, wie es weiterging. Doch das Wundersame war: Die guten Zeiten hielten an. Erst neulich unterhielt ich mich mit Romy, und sie sagte auch noch mal, dass sie nie gedacht hätte, dass so viele Jahre später alles immer noch so fantastisch sein würde, wie es nun ist. Das Schönste ist, dass ich mich gar nicht groß bemühen muss, etwas zu suchen. Klar, wenn Romy irgendwas Bestimmtes für mich haben will, dann muss sie raus und sich darum kümmern, doch die meisten Sachen kommen wirklich ganz von selbst. Ich darf echt behaupten, ich bin inzwischen wirklich eine eigene Marke.

Auch in der nicht einfachen Corona-Zeit, wo alles sehr schwierig war, kamen viele Anfragen für das nachfolgende Jahr oder, falls es doch noch 2020 gehen sollte, gerne dann noch. Auch viele Werbedeals entstanden während der Zeit, denn natürlich wurde dieser Leerlauf viel für Werbung genutzt, weil viele Menschen zu Hause waren. Ich hatte ein solches Glück, dass ich diese große Menge an Werbeangeboten bekam. Ich bin überzeugt, dass einiges von diesem Glück auch damit zu tun hat, dass ich so ein positiver Mensch bin und sehr dankbar für das, was ich habe. Es ist noch nie so gewesen, dass ich mein Glück für die zahlreichen Angebote für selbstverständlich gehalten habe und der Meinung war: Ich habe das verdient! Ganz im Gegenteil: Ich freue mich einfach darüber und bin unendlich dankbar.

Meine Dschungelkrone und mein Königszepter durfte ich nach meinem Sieg als Erinnerung mit nach Hause nehmen, sie zieren seitdem mein Rossi-Zimmer und wecken immer, wenn ich mich dorthin zur Ich-Zeit zurückziehe, all die schönen Erinnerungen. Eine dieser Erinnerungen verbindet mich mit einem „Dschungelereignis", das ich erlebte, als ich längst wieder zurück in Deutschland war. Es hatte einen Fototermin bei uns zu Hause gegeben, bei dem ich mich noch einmal ins Königs-Outfit werfen sollte. Kaum wollte ich mit meinen King-Rossi-Posen starten, ging das Jucken los. Es juckte wie verrückt auf dem Kopf. Warum juckte mich die Krone plötzlich so? Ich nahm sie vom Kopf und merkte erst dann, dass ein australisches Ameisennest mit mir nach Deutschland gereist war und es sich in der Krone häuslich eingerichtet hatte.

KAPITEL 11

PAUL – MEIN SECHSER IM LOTTO

Es war vier Jahre vor meiner Dschungelerfahrung, 2003, mitten in meinem wunderbaren Höhenflug als Popstar der Band Bro'Sis, als mir während einer kleinen Tourpause bei einem Heimatbesuch in England auf einer Party in London die Liebe meines Lebens begegnete: Paul. Ich weiß nicht, warum, doch irgendwie zog er mich sofort magisch an, obwohl er doch so ganz anders war als ich. Ruhig, zurückhaltend, besonnen, still. So wie er wirkte, war er auch: klar, strukturiert, ein Planer, Beobachter und Zuhörer – das absolute Gegenteil von mir, dem quirligen, plappernden Clown und Träumer. Und doch war er ebenfalls Künstler wie ich, und als Opernsänger war ihm folglich mein Leben keineswegs fremd.

Bis wir ein Paar wurden, sollte es allerdings noch dauern. Durch unsere unterschiedlichen vielen Verpflichtungen – mein Karrierehöhepunkt mit Bro'Sis und sein damaliges Engagement in Schottland – verband uns zunächst nur das Internet, wo wir über E-Mail und Chat mit Webcam ganze vier Monate unseren Kontakt pflegten. Bis Paul dann endlich Nägel mit Köpfen machte, mich in München besuchte, an meine Hotelzimmertür klopfte und es unmittelbar danach so richtig und absolut um uns geschehen war. Nichts hatte sich je richtiger angefühlt. Dennoch hielten wir acht Monate unser Glück geheim; nur unsere Familien und engste Freunde waren eingeweiht.

Bis ich mich 2004 outete, traute ich mich nicht, meinen Fans die Wahrheit über mein Gefühlsleben zu sagen. Auch wenn ich zu Paul, zu mir selbst und dazu, wie ich war, hundertprozentig stand, war die Entscheidung, den Fans – vor allem den Mädchen – das wahre Ich schonungslos zu präsentieren, trotzdem nicht einfach. Denn natürlich lagen uns männlichen Bandmitgliedern viele Mädchen zu Füßen, sie suchten bei Auftritten die Gelegenheit, in unsere Nähe zu kommen, eine Umarmung oder einen Kuss zu ergattern, wollten Fotos, schrieben Liebesbriefe und schmolzen dahin. Wie würden sie sich fühlen, wenn sie wussten, dass mein Herz für einen Mann schlug? Die Gedanken, die ich mir im Zusammenhang mit meinem Outing machte, galten also weniger mir selbst und persönlichen Hemmungen, sondern den Gefühlen der Fans, die mich liebten. Dies führte dazu, dass ich in der Öffentlichkeit alle Gerüchte, ich sei schwul, zunächst weiterhin konsequent und vehement zurückwies.

11 PAUL – MEIN SECHSER IM LOTTO

Da zugleich jedoch die Klarheit darüber wuchs, dass Paul einfach der Richtige für mich war, mit dem ich mein Leben teilen und alt werden wollte, musste in mir die Entscheidung heranreifen und Raum bekommen, dem Versteckspiel letztlich doch ein Ende zu setzen. Ich tat dies nicht leichtfertig, sondern wog gemeinsam mit mir vertrauten eingeweihten Menschen, meiner Band und meinem Management alle Konsequenzen ab. Und dann, 2004, machte ich mein wahres Inneres öffentlich. Es war eine gute und richtige Entscheidung.

Heute sind Paul und ich nicht nur schon 18 Jahre ein Paar, wir sind auch – was für ein Geschenk! – verliebt wie am ersten Tag. So ist also alles, was ich beispielsweise in den sozialen Medien über unsere Beziehung mit Fotos preisgebe, tatsächlich ganz und gar nicht übertrieben, sondern wirklich wahr.

Es stimmt einfach: Paul ist mein Ein und Alles, die Liebe meines Lebens, der beste Schmetterlinge-im-Bauch-Erzeuger, den es gibt, der perfekte Ehemann und ultimative Göttergatte, mein Herzensmensch, Sechser im Lotto und Fels in der Brandung. Und auch nach fast 20 Jahren Partnerschaft sind wir tatsächlich immer noch ein Herz und eine Seele und voller hochromantischer Gefühle. Klingt kitschig und übertrieben? Kann sein. Ist aber wirklich wahr.

PAUL KRÜMELT – ICH PUTZE ...

Ein „Traumpaar" zu sein, schließt natürlich die normalen und allzu menschlichen Alltagsreibereien nicht aus. Und so ist auch bei Paul und mir nicht immer alles eitel Sonnenschein. Gerade noch haben wir gestritten, als er vom Einkaufen zurückkam. Ich habe ihn angemeckert wegen der Krümel auf dem Boden. Überall Krümel. Schon wieder. Denn so ist Paul: Er kommt vom Einkaufen rein und gibt den Kindern gleich ein Brötchen. Ein Brötchen auf die Hand, ohne Teller, ohne Serviette, und natürlich krümeln die Kinder alles voll ...
„Warum nimmst du schon wieder keinen Teller???", frage ich ihn. Paul schaut mich gelassen an, zuckt mit den Schultern, sagt nichts. Sind doch nur ein paar Krümel, spricht sein Blick, während ich Reinlichkeitspingel die Krise kriege, mit den Armen ausfernd herumfuchtele und schimpfe wie ein Rohrspatz. Eigentlich könnte ich mir diese ganze Aufregung sparen, denn in diesen Momenten, wo ich so aufgeregt bin, kann ich auch nicht wirklich mit Paul reden. Daher hole ich Besen oder Staubsauger, kanalisiere meine Emotionen, indem ich meinen Putzfimmel auslebe, und wenn alles wieder glänzt und glitzert, ist auch der schiefe Haussegen wieder im Lot.

Während Paul in Sachen Hausarbeit eher gelassen ist, gebe ich offen zu: Ja, ich habe einen Putzfimmel. Zu Hause muss alles immer picobello und ordentlich sein. Mit Leidenschaft wische und staube ich Sachen ab, räume auf, ordne, sortiere, dekoriere – ja, ich brauche diese Wohlfühlatmosphäre und möchte auch, dass Gäste sich bei uns wohlfühlen. Es ist einfach so: Ich liebe Ordnung. Überall. Im Wohnzimmer, in der Küche, im Kleiderschrank ...
Apropos Kleidung – da geht es gleich weiter. Paul macht für mich die Wä-

sche. Wenn er es wenigstens vernünftig machen würde ... O-Ton Paul und meine Wenigkeit:
R: „Du faltest so schlimm!"
P: „Dann falte es doch selber!"
R: „Ja, will ich ja!"
P: „Dann mach es doch!"
R: „Und du schmeißt auch immer alles zusammen in die Waschmaschine!"
P: „Ja, und?"
R: „Und dann kommen meine weißen Klamotten auf einmal blau zurück!"
P: „Dann kaufe doch praktische Klamotten, die man einfach waschen und trocknen kann. Dann geht das alles viel leichter."
Schön ist, dass wir über solche Episoden lachen können.

WER IST VERGESSLICHER?

Ein weiteres Beispiel für unsere herzerfrischenden Kinderkramkonflikte: das Thema Vergesslichkeit. Paul ist sehr vergesslich. Und was ich überhaupt nicht mag, sind jene Vergleiche, wo er sich bei Streitgesprächen mit mir misst und mir sagt, dass ich ja auch diese und jene Sachen vergessen hätte. Er versucht dann, Dinge aufzuzählen, was nicht gelingt, weil er sich nicht mehr erinnert. Er hat es ja vergessen.

Ich werde nie vergessen, als er einen Termin hatte zur Kontrolle in einer Memory Clinic. Das Telefon klingelte. Es war die Klinik.

„Herr Reeves, wo sind Sie? Kann es sein, dass Sie Ihren Termin vergessen haben?"

Die Reaktion von Paul: „Wie soll ich mich denn erinnern, wenn ich so ein schlechtes Gedächtnis habe?"

Fairerweise muss ich sagen, dass ich natürlich auch manches vergesse. Oder besser, ich leiste mir den Luxus, Dinge zu vergessen – Dinge, die ich vergessen darf, weil mein Management und Paul, der unseren Kalender verwaltet und darin alles notiert, was er ohne den Kalender vergessen würde, mich an diese Sachen erinnern. Doch trotzdem kriege ich von Paul eins auf den Deckel, wenn ich etwas nicht weiß. Dann gebe ich natürlich Kontra:

„Warum soll ich mich daran erinnern, wenn du da bist und mir jeden Tag sagst, was ich machen soll?"

Ich habe also wirklich das Glück, dass ich Romy vom Management und Paul, der ja einen Kalender über alles führt, habe. So gibt es in meinem Leben eher keine unangenehmen Pannen mit Vergesslichkeit. An einen Moment erinnere ich mich jedoch, in dem mir vor Jahren einmal das Vergessen von Rollentext zum peinlichen Verhängnis geworden ist. Es war in Wien, als ich im Musical *Mozart* mehrere Rollen hatte. Zudem gab es noch eine weitere Rolle, für die ich kurzfristig eingesprungen war. Eine Rolle, für die ich also nicht geprobt hatte. Doch ich ließ rüberkommen: Das Ding rocke ich. Dann sollte ich auf die Bühne und dachte immer noch: Kein Problem, das krieg ich locker hin.

Die besagte Rolle hatte einen Solosong, der eine sehr wichtige Szene begleiten sollte. Die komplette Truppe war auf der Bühne, Mozart wurde reingetragen, und dann musste ich dieses sehr getragene Lied singen. Die ersten zwei Sätze gingen ja noch, doch dann war plötzlich der Text weg. Ich hatte wirklich keinen Schimmer mehr und erinnerte mich an kein Wort. Was für ein Desaster, irgendwas musste ich doch nun tun. Aber was? Kapitulieren? Verstummen? Etwas sagen? Ich entschied mich dafür, „weiterzusingen". Mein improvisierter Text: *Lalalala, lalalala ...*

Es gelang mir, das Publikum auf meine Seite zu ziehen. Nach anfänglicher Irritation nahmen die Lacher im Publikum zu. Aber auch der Zorn des Dirigenten wuchs. *Lalalala, lalalala.* Der Dirigent schickte einen wütenden Blick in meine Richtung nebst klar mit Arm und Hand angedeuteter Kopf-ab-Geste: *Ich töte dich!* Ich sang weiter. *Lalalala, lalalala.* Auch wenn ich im Lala-Augenblick nicht wusste, welche Konsequenz das alles haben würde, so war immerhin klar: Es war lustig. Und ich wusste auch, ich musste das jetzt durchziehen bis zum Schluss. Ich „lalate", was das Zeug hielt. *Lalalala, lalala* – bis die Musik verhallte und die Arie zu Ende war. Schnell verließ ich die Bühne. Inzwischen lachten alle. Die anderen Darsteller auf der Bühne amüsierten sich königlich. Die Zuschauer lachten wie ein großer lauter Chor, und ich hörte den Riesenapplaus, den ich bekam. Applaus und Lachsalven, weil ich es mutig durchgezogen hatte. Klar, die Szene war kaputt. Total kaputt. Ich hatte sie auf ganz eigenwillige Art zerstört und zugleich „gerettet". Und Mozart hing da halb tot.

Zurück zu Paul und mir. Alltagsstreitereien entstehen in Partnerschaften häufig auch aus unterschiedlichen Interessen und Prioritäten. Paul widmet sich beispielsweise nur Dingen, die ihn selbst auch interessieren, wie Computer und Technik. Alles andere ist Nebensache. Kein Wunder, dass er Dinge, die mir wichtig sind, dann vergisst. Und schon kriegen wir uns in die Wolle. Doch wenn ich an ein Gespräch denke, das Paul und ich Ende 2019 mit meinem Freund und Kollegen Steven Gätjen führten, wird eines wieder ganz klar: Paul mag ja sagenhaft vergesslich sein, und vielleicht vergisst er auch über seine Liebe zu Technik und Computern meine Interessen – doch alles, was tief im Kern wirklich wichtig ist, vergisst er nicht. Folgender Gesprächsausschnitt zeigt das mehr als deutlich.

S: „Paul, als du Ross das erste Mal gesehen hast, was hast du da gedacht?"
P: „Wir haben sehr lange übers Internet kommuniziert, geskypt und so was. Das erste Mal habe ich ihn auf einer Hochzeitsfeier gesehen, da haben wir uns kennengelernt, aber nur ganz kurz. Und dann haben wir, wie gesagt, viele Monate geskypt und telefoniert."
R: „Aber es war keine Hochzeit ..."
P: „Eine Hochzeitsfeier ..."
R: „Eine Feier ..."
S: „Ross hat gesagt, du vergisst immer so viel ..."
P: „An die wichtigen Dinge erinnere ich mich. Aber ob das eine Hochzeit oder eine Feier war, ist mir egal."

Ich gebe ja gerne Kontra und fordere meinen lieben Paul in kleinen Streitgesprächen heraus. Doch was kann besser als dieser kleine Austausch zeigen, wie recht Paul hat!

EINANDER ERGÄNZEN, GEMEINSAM ENTSCHEIDEN

Was uns gut gelingt – und ich ermuntere auch andere Paare, darüber mal nachzudenken –, ist folgende Erkenntnis: Gerade weil wir ganz verschiedene Interessen, Schwerpunkte und Aufgaben haben, um die wir uns im gemeinsamen Leben kümmern, funktioniert unsere Partnerschaft so gut. Wir ergänzen uns perfekt und decken zusammen wirklich alles im Alltag ab. Wir besprechen sämtliche Themen offen miteinander und treffen Entscheidungen gemeinsam. Paul hat mal gesagt:

„Ich finde es immer schön zu sehen, dass Ross meine Unterstützung wünscht, wenn wir zusammen etwas machen und entscheiden. Andere sehen das nicht, aber ich sehe es. Es ist mir ganz wichtig, dass wir da keine getrennten Wege gehen."

Dies ist ein weiteres Beispiel, das mir zeigt, wie viel ich Paul bedeute. Es fühlt sich gut an und offenbart so wunderbar klar, dass wir beide in eine Richtung blicken. Auch wenn es manchmal so aussieht, als wären wir auf zwei verschiedenen Planeten unterwegs, um noch mal aus dem Gespräch mit Steven, Paul und mir zu zitieren:

S: „Ross, wenn du 30 Jahre weiterdenkst – was wünschst du dir für die Zukunft und euren Lebensabend?"

R: „Ich stelle mir vor – ich weiß nicht, ob Paul das genauso sieht –, dass wir vielleicht ans Meer ziehen, nach England an die Küste irgendwann. Cornwall vielleicht. Und dann, wenn wir Rentner sind, ein kleines Cottage am Meer haben, wo wir den Rest unseres Lebens verbringen."

S: „Paul, wo siehst du euch denn in 30 Jahren?"

P: „Hoffentlich so happy wie jetzt auch, das wäre schön."

R: „Eigentlich wolltest du sagen, dass du mit mir nach Cornwall willst ans Meer in ein schönes Cottage."

P: „Aber nicht im Sommer, da isses übervoll dort ..."

S: „Vielleicht macht ihr einfach mal zwei Wochen Test-Living in Cornwall?"

P: „Ich würde gerne ein Wohnmobil kaufen."

R: „Nein, das geht gar nicht!"

S: „Und warum möchtest du ein Wohnmobil haben?"

R: „Er will einfach nur durch die Gegend fahren. Das kann er aber auch mit seinem Auto. Wohnmobil hab ich einmal gemacht."

P: „Hast du nicht!"

R: „Doch, hab ich!"

P: „Er hat viel Fantasie."

S: „Aber Liebe bedeutet ja auch, dem Partner mal einen Wunsch zu erfüllen ..."

R: „Ja, aber den nicht ..."

Natürlich weiß ich heute nicht, wo Paul und ich in 30 Jahren sein werden. In einem Cottage in England am Meer oder doch lieber in einem kleinen Häuschen im Grünen mit vielen Haustieren. Vielleicht kaufen wir ein Wohnmobil für Paul – wir wissen es nicht. Wir müssen es auch nicht wissen. Schließlich leben wir im Hier und Jetzt, und wozu sollen wir in eine Zeit sehen, von der wir gar nicht wissen können, ob wir sie erleben. Trotzdem werden wir in unseren Mußestunden immer wieder ein paar Träume teilen. Träume halten die Fantasie wach. Sie inspirieren und schenken gute und glückliche Gefühle. Ich bin von Herzen dankbar dafür, dass ich mit Paul gemeinsam träumen kann.

AUFEINANDER ACHTGEBEN – SELBST IM SCHLAF

Sich lieben und verstehen, Zeit teilen, Spaß haben oder ernste Gespräche führen, sich gegenseitig auf und in den Arm nehmen – nur ein paar Eindrücke, die nach meinem Dafürhalten eine gute Partnerschaft ausmachen, habe ich nun beschrieben. Natürlich gibt es noch sehr viel mehr, das Bestandteil einer Partnerschaft sein sollte. Etwas ganz Wichtiges ist für Paul und mich auch, dass wir aufeinander achtgeben und uns unterstützen. Doch nicht nur, dass wir dies tun, sondern auch, dass wir uns dieses Tun immer wieder ins Bewusstsein rufen. Ich glaube, dass dieses stetige Bewusstmachen solchen Handelns ein ganz elementares Kriterium dafür ist, damit der Wert einer Partnerschaft über lange Zeit wirklich verlässlich gefühlt und wahrgenommen werden kann. Gerade weil im Laufe der Jahre die Gefahr besteht, dass Routinen und Gewohnheiten intensives Fühlen eintrüben oder aus Überraschungen mit der Zeit Selbstverständlichkeiten werden, ist es umso wichtiger, sich den Wert jeder kleinen und großen Geste des Füreinander-da-Seins immer aufs Neue mit Sorgfalt ins Bewusstsein zu rufen. Paul und mir gelingt dies tatsächlich sehr gut. Und ich bin sicher, dass dies dazu beiträgt, dass unsere Beziehung sich nach fast 20 Jahren immer noch so spannend und frisch anfühlt.

Sich viele Jahre zu kennen, ist in diesem Zusammenhang auch von großem Vorteil. Wir wissen sehr genau, wie wir uns am besten unterstützen und mit welchen Kleinigkeiten wir einander eine Freude bereiten können. Paul hat

AM MEER
LEBEN MIT MEINER
FAMILIE:
EIN TRAUM,
DER MICH
GLÜCKLICH
MACHT.

beispielsweise ein feines Gespür dafür, wenn ich schon mal am Morgen in terminliche Turbulenzen gerate. Dann übernimmt er – ohne groß etwas zu sagen – das Gassigehen mit unserer Aura, was ich in der Regel mache. Er weiß, dass die Tiere mir unendlich wichtig sind und es mich beruhigt, wenn sie versorgt ist und ich mir darüber keine Gedanken mehr machen muss. Oder ich bringe ihm von dem jeweiligen bevorstehenden Event irgendeine Kleinigkeit mit, weil ich weiß, dass Paul kleine Mitbringsel liebt und sich dann freut.

Schon allein seine tiefe Ruhe, die er ausstrahlt, ist mir eine große Unterstützung. So ist er immer jener besagte Fels in der Brandung, wenn ich hektisch und nervös herumspringe. Er bringt mich wieder runter, wenn ich chaotisch oder durch den Wind bin. Es ist ein tolles Gefühl zu wissen, dass ich mich immer auf Paul verlassen kann und er immer für mich da ist.

Sehr wichtig finde ich auch, dass man bei Eigenschaften, in denen man sich stark vom Partner unterscheidet, darüber reflektiert, welche positiven Seiten dieses Unterschiedlichsein vielleicht doch hat. Ein Beispiel dafür ist meine Tendenz, von Pauls Technikleidenschaft zuweilen genervt zu sein, sowie mein Umgang damit. Ich habe mir angewöhnt, dass ich in solchen Situationen ganz bewusst innehalte und mir einerseits vor Augen führe, dass ich ja selbst sehr viele Interessen habe, denen Paul wiederum nichts abgewinnen kann. Und auf der anderen Seite reflektiere ich darüber, dass seine Leidenschaft für Technik ja für mich auch von sehr großem Nutzen ist. Denn alles Technische ist bei uns immer in erstklassigem Zustand, Paul kann alles reparieren, was eine hervorragende Unterstützung auch in meinem Alltag ist. Sich dies ins Bewusstsein zu holen und dankbar zu sein, habe ich mir zur regelmäßigen Reflexionsaufgabe gemacht.

Bei diesem Thema habe ich mit Paul öfter Streit: Abends, wenn wir die Kinder ins Bett gebracht haben und ins Wohnzimmer gehen, bereite ich immer alles schön vor, ich mache Kerzen an und alles gemütlich, damit wir in einer schönen Atmosphäre eine Serie zusammen schauen können. Und Paul sitzt dann da mit dem Laptop auf dem Schoß und seinem Handy in der Hand. Es ist schon fast eine Routine, dass ich mich darüber beklage.

„Kannst du einen Abend ohne diese Sachen aushalten?"

Und Paul dann immer: „Ja, ich mach Sachen für uns …"

Doch ich finde, es ist nicht wirklich nötig, so was am Abend zu machen, wenn wir im Wohnzimmer zusammensitzen. Es hat bis morgen Zeit.

Auch füreinander sorgen und sich sorgen gehören zu einem partnerschaftlichen Leben. Da ich nach außen emotionaler bin, äußern sich meine Fürsorge beziehungsweise meine Sorgen sicher anders, als es bei Paul der Fall ist. Ich sorge mich beispielsweise um Paul in der Nacht, weil er schlafwandelt, und das auf recht abenteuerliche Weise. Er hat sich schon mal mitten in der Nacht tief schlafend angezogen, die Zähne geputzt und wollte das Haus verlassen. Ich konnte ihn kaum aufwecken. Oder er ist schon einmal wie verrückt auf dem Bett herumgesprungen, als wäre es ein Trampolin. Auch wenn man immer sagt, dass Schlafwandlern nichts passiert, sorge ich mich dennoch und schließe momentan nachts die Tür ab, damit Paul sich nicht schlafwandelnd aus dem Staub macht und nachher doch noch irgendwas passiert.

Ebenfalls zur Kategorie „Füreinander da sein" gehören für mich manche Kompromisse. In unserer Partnerschaft war ein solcher Mittelweg zugegebenermaßen dringend nötig in meiner „Rossi-Dekowelt". Nachdem wir kürzlich im Haus renoviert hatten, wünschte Paul ein sichtbares Deko-Abrüsten im Haus. In dieser Angelegenheit könnten wir kaum unterschiedlicher sein. Ich liebe Deko einfach und könnte jeden kleinsten Winkel im Haus mit allerlei Tand verschönern, den niemand wirklich braucht. Paul leidet still. Mit jedem weiteren Figürchen, dem ich auf Fensterbänken, Tischen, Regalen, Treppenstufen oder anderswo ein neues Zuhause schenke, wächst sein Leid ... Zeit für einen Minimalismuskompromiss! Und dieser Kompromiss ist mir erstaunlicherweise nicht einmal schwergefallen.

Jetzt steht jedenfalls nur noch ein Dekoteil im Wohnzimmer auf der Fensterbank. Es versteht sich von selbst, dass durch das Ausmisten auch das Putzen viel einfacher geworden ist. Und alles, was ich wirklich abgöttisch liebe und nicht komplett verbannen wollte, hat einen neuen Platz in meinem Rossi-Zimmer gefunden – mein ganz persönliches Spielzimmer, in dem alles funkelt, glitzert und glänzt. Dort gibt es altes Lego, Playmobil, alte norwegische Marionetten, Bücher aus meiner Kindheit, alte Plüschtiere, vor allem mein allerliebstes Kuscheltier Basel, ein kleiner abgewetzter Bär, den meine Tante aus Australien mir schenkte, als ich zwei Jahre alt war. Basel begleitet mich überallhin und man sieht ihm an, dass er schon viel erlebt hat. Meistens wohnt er in meinem Reisekoffer, den ich auch im Rossi-Zimmer verwahre, weil dort ja auch all meine Kleidung ist. Dann sind dort zahlreiche Fan-Geschenke, Ketten, haufenweise Schuhe, Plakate, und meine geliebten Figuren She-Ra und He-Man gehören ebenfalls zu den Schätzen meiner persönlichen Oase. Diese Sammlungen mit He-Man, She-Ra und weiteren Highlights aus dieser Reihe werde ich auf jeden Fall behalten, denn sie sind vollständig mit allem Zubehör und haben einen großen Wert. Mein ganzes Leben habe ich sie gesammelt, es hat sehr lange gedauert, bis alles komplett war. Ich könnte mir vorstellen, sie irgendwann einmal zu verkaufen und von dem Geld meinen Kindern etwas Gutes zu tun. Ich erinnere mich genau an meine eigene Kindheit in den 80ern, als diese Heldinnen und Helden der *Golden Girls* absolut begehrt waren. Damals hatte ich keine der Figuren, da es zu jener Zeit für meine Eltern nicht möglich war, so viele Spielzeuge zu kaufen. Und schon als Kind fasste ich den Entschluss, mit dem Sammeln zu starten und eines Tages die komplette Serie zu besitzen. 15 Jahre habe ich wie verrückt gesammelt und das Internet danach durchstöbert, wo es Exemplare zu ersteigern gab. Und heute habe ich sie alle.

Wenn ich nach Hause komme, brauche ich immer erst einmal zehn Minuten nur für mich allein, um runterzukommen. Manchmal gehe ich in meinen Raum, schließe die Tür, sitze auf dem Boden und schau mir alles im Zimmer an. Dann sitze ich da und denke an meine Kindheit. Und jedes Mal kommen so viele Erinnerungen in mir hoch – das ist genau das, was mich nach einem anstrengenden Tag erfrischt. Ich kann mich darin verlieren und in ein sagenhaftes Gefühl eintauchen. Wir haben so eine harte Welt, doch wenn ich meine Schätze sehe oder mir schon mal einen Disneyfilm anschaue, bin ich glücklich.

DANKE, PAUL!

Ich-Zeit, die man nur mit sich allein verbringt, ist also in Partnerschaften von unglaublich hohem Wert. Doch natürlich gibt es auch Momente, die ohne Partner definitiv nur halb so schön sind. Geburtstag zum Beispiel. Ich erinnere mich an einen runden Geburtstag, den ich gar nicht richtig feiern konnte, da ich für einen TV-Job nach Thailand fliegen musste. Was für ein Drama war das für mich – mein runder Geburtstag ohne Paul? Wie schrecklich war das! Statt mit Paul meterhohe Geburtstags-Zuckerguss-Torten-Kerzen auszupusten, witzige Geschenke auszuwickeln und Überraschungen zu erleben, befand ich mich für RTL auf dem Flug nach Thailand. Die schönsten Orte dieses Landes sollten wir entdecken. Hm, dachte ich, weinte innerlich Krokodilstränen und hing meinen Geburtstagsträumen nach.

Für den Dreh ging es nach Bangkok in ein fantastisches Hotel. Es war wirklich ein traumhafter Ort, doch ich konnte es nicht richtig genießen. Ich war einfach fix und fertig und dachte an Paul. Und irgendwie waren aber auch alle im Team komisch zu mir. Wahrlich die komplette Mannschaft benahm sich seltsam. Das spürte ich. Waren sie sauer auf mich? Waren sie etwa verärgert, weil ich aus der Wäsche guckte wie ein begossener Pudel im Selbstmitleid? Auf keinen Fall wollte ich so rüberkommen. Die Crew hatte doch extra zu meinem Geburtstag auf dem Rooftop ein Büfett für mich aufbauen lassen, das mir wundervoll viele leckere Cocktails bot, mit denen ich mir meine Welt wieder schöntrinken konnte. Nein, ich durfte nicht jammern! Dankbarkeit ist ja letztlich ein ganz großes Motto in meinem Leben. Jetzt hieß es also reinfeiern und fröhlich sein! Ich schnappte mir einen Cocktail und stieß in Gedanken mit Paul an.

Kaum hatte ich den köstlichen Tropfen geleert und mich an meinen Platz gesetzt, kam von hinten bereits fürsorglich ein Kellner mit dem nächsten Getränk herbeigeeilt. Als der Kellner seitlich neben mir am Tisch stand und den Cocktail platzierte, blickte ich hoch, um mich zu bedanken. Und dann blieb mir die Luft weg – der Kellner war Paul!

Den Rest könnt ihr euch denken, wenn ihr mich und meine Emotionen kennt. Natürlich konnte ich meine Tränen der Freude nicht zurückhalten und weinte wie ein kleines Kind. War das nun ein Traum oder Wirklichkeit? Nein, tatsächlich, Paul war wirklich da. Was für ein Geschenk hatte er mir da bereitet! Mein sehnlichster Wunsch hatte sich ganz von selbst erfüllt. Ich war unendlich glücklich und durfte nun ein paar Tage mit Paul in Bangkok zusammen sein.

Die ganze Story war ja nicht nur wunderschön, sondern auch total witzig, wenn man über die Vorbereitungen nachdenkt. Paul war damals schließlich nur eine oder zwei Stunden später als ich von Frankfurt nach Bangkok geflogen und hatte zuvor nur einen früheren Zug von Siegburg nach Frankfurt genommen als ich. Er hatte das alles so geschickt geplant, und ich war felsenfest überzeugt, dass er während meiner Reise zu Hause bleibt. Tatsächlich aber hat er heimlich seinen Koffer gepackt, seinen Flug organisiert, heimlich zu Hause alles für die Abwesenheit geklärt und mit meinem Reiseteam Kontakt gehalten – und mir unheimlich viel Glück und Freude bereitet. Danke, Paul!

KAPITEL 12

CORONA UND DIE INNERE EINKEHR

Wer hätte Anfang 2020 gedacht, dass ein paar Wochen später ein Virus das Leben auf der ganzen Welt verändern würde? Wer hätte geahnt, dass die gesamte Weltbevölkerung Masken tragen und Klopapier zum begehrtesten Konsumartikel werden würde? Ich jedenfalls nicht. Wäre jemand im Januar des vergangenen Jahres mit solchen Zukunftsszenarien dahergekommen, ich hätte amüsiert reagiert. Auf einmal aber war dieses Szenario Alltag. Corona hat mich während der ganzen Zeit, in der ich mich meinem Buch gewidmet habe, begleitet und beschäftigt. Und nicht nur das. Diese Zeit hat mich auch verändert. Und ich finde, sie hat mich positiv verändert.

DIE WELT WIRD STILL

Habt ihr auch Veränderungen in eurem Leben wahrgenommen, die euch und euer Handeln positiv beeinflusst haben? Ich habe gerade in dieser Zeit noch einmal ganz intensiv gemerkt, was mir wirklich wichtig ist und wo meine Prioritäten liegen. Durch den plötzlichen Lockdown kam im Frühling 2020 die Welt zum Stillstand. Es wurde leise in den Städten und Dörfern. Es wurde ruhig auf den Straßen und am Himmel. Und so wurde auch das eigene Leben still, denn eine ganze Zeit lang waren wir Menschen angehalten, die Zeit in unseren Wohnungen und Häusern zu verbringen und nur das Nötigste in den Geschäften und sonstigen Einrichtungen, die noch geöffnet hatten, zu erledigen. Das Virus hatte allen Menschen eine unfreiwillige innere Einkehr verordnet. Und wer sie ohne Rebellion annahm und sich den neuen Gesundheitsregeln folgend in seine vier Wände zurückzog, hatte die außergewöhnliche Chance, aus der plötzlichen Pandemie einen großen Gewinn zu ziehen: Ruhe, Aufatmen, Entschleunigung, Erkenntnisgewinn, Ausgeglichenheit, Balance, Frieden …

Da ich ein quirliger Mensch bin, emotional, lebendig, immer in Bewegung und damit einhergehend zuweilen nervös und ungeduldig, war die Zeit des Lockdowns für mich die beste Schule für mehr Geduld und Ruhe, die mir in meinem ganzen Leben begegnet ist. Von jetzt auf gleich stand auch mein turbulentes Leben still. Keine Auftritte, keine Reisen, keine bunten menschlichen Kontakte, kein lebendiger Austausch, keine Engagements – nichts. Was sollte ich nun mit der entstandenen Leere beginnen? So viel Nichts hatte es niemals zuvor in meinem Leben gegeben. Es fühlte sich fremd an, und ganz am Anfang war es auch für mich nicht leicht, denn ich war in meinem Alltag sonst ja nur auf Achse, habe pausenlos gearbeitet und hatte wenig Freizeit.

Und plötzlich hatte ich alle Zeit der Welt. Ich wurde nervös und dachte, ich muss doch irgendwas tun, ich kann nicht einfach nur hier sitzen. Doch die fremde Situation machte mich auch neugierig und irgendetwas passierte in meinem Kopf und veränderte mich, und ich begann, die frei gewordene Zeit zu genießen und zu spüren, dass Ruhe und Nichtstun nicht grundsätzlich schlecht sind. Und es gab ja auch viele andere Dinge, die ich nun tun konnte. Ich musste sie nur erst entdecken. Und da mir eine positive Grundhaltung ja wichtig ist, begann ich, diese neue Situation und mich selbst darin genau zu beobachten und zu überlegen, welcher Nutzen dem Ganzen möglicherweise innewohnen konnte.

MEHR MITEINANDER, WENIGER KONSUM

Ich beobachtete, wie die riesengroß gewordene Stille im Alltag meine Wahrnehmung schärfte und mich ruhiger und geduldiger machte. Sensibel für Details und für die Tatsache, wie bedeutsam gerade die kleinen Dinge des Lebens sind, war ich zwar schon immer, doch jetzt war die alte Lebenswelt aus Konsum, Betriebsamkeit und Schnelligkeit so sehr zusammengeschrumpft, dass die kleinen Dinge des Lebens an Schärfe gewannen und so sichtbar und fühlbar wurden wie selten zuvor. Noch mehr wurde mir bewusst, was ich letztlich wusste: Wie wertvoll jedes Zeitgeschenk mit Familie und Freunden war, wie viel Reichtum jedes vollkommen leere Zeitfenster doch barg, in dem man einfach nur dasaß mit sich selbst und erkannte, dass nicht nur Mangel entstanden war, sondern auch Gewinn.

Ich genoss die intensivere Zeit mit meiner Familie und einigen Freunden. Wann hatte ich bisher die Möglichkeit, mit meinen Lieben so viel Zeit zu verbringen, ohne dass etwas dazwischenkommt? Und unabhängig von jenen Zeitgenossen, die täglich im Supermarkt mit geballten Fäusten und gespitzten Ellenbogen rücksichtslos in den Klopapierkrieg zogen, nahm ich auch sehr viel Zusammenhalt und Hilfsbereitschaft bei den Menschen wahr. In unserem kleinen Dorf rückten tatsächlich die meisten Leute unter verantwortungsvoller Einhaltung der Abstandsregeln zusammen und schauten mit Sorgfalt nach Nachbarn, die Risikogruppen angehörten und sich möglichst isoliert im Haus aufhalten sollten. So wie viele andere im Dorf bot ich solchen Menschen meine Hilfe an, beispielsweise beim Besorgen von Lebensmitteln, mit Botengängen oder anderen Diensten.

Sicher gab es bei uns im Dorf wie überall Zeitgenossen, die so taten, als beträfe sie das alles nicht. Insbesondere ein paar ältere Dorfbewohner hatten wir dabei, die sich einfach weiterhin trafen, bei Begegnungen keinen Abstand hielten und in Grüppchen herumliefen. Gerade weil es doch um den Schutz

dieser Gruppen ging, ist mir ein solches Verhalten ein Rätsel. Eine ältere Frau im Dorf benahm sich besonders seltsam und rücksichtslos. Sie ging nach wie vor auf Leute zu, umarmte Menschen und versuchte, ihnen die Hand zu geben. Es sei ihr alles vollkommen egal, und wenn ihre Zeit gekommen sei, dann sei es eben so, und niemand könnte ihr vorschreiben, wie sie ihr Leben zu führen habe. Bei allem Verständnis dafür, dass es nervt, mit Masken rumzulaufen, alles zu desinfizieren und niemanden mehr umarmen zu können – die Maßnahmen sind, wenn man mal ehrlich ist, verhältnismäßig harmlos und nicht unzumutbar. Beim Verhalten dieser älteren Frau im Dorf ärgerte mich besonders, dass sie nicht realisierte, dass es nicht nur um ihren eigenen, sondern zugleich um den Schutz anderer geht. Im Grunde gehöre ich selbst ja auch zur Risikogruppe und könnte bei Ansteckung ein Riesenproblem bekommen, da ich Asthma und Heuschnupfen habe. Insofern habe ich auch ein mulmiges Gefühl und Sorge, mich zu infizieren, auch wenn ich meine Angst nicht so nach außen trage.

Auch meine Mutter war bezüglich der Regeln nicht durchgängig einsichtig und wollte zwischendurch unbedingt ihr Haus verlassen. Zum Glück konnte ich sie in Gesprächen davon überzeugen, dass so etwas nicht die beste Idee ist. Und es hat mich auch sehr erfreut und beruhigt, wie viel Unterstützung sie bekam. Menschen machten Besorgungen für sie, telefonierten, schauten regelmäßig nach ihr, und sie merkte jetzt wirklich, wer ein echter Freund war und wer nicht.

Was dabei ebenfalls viel intensiver in mein Bewusstsein rückte, war die Erkenntnis, wie wenig Konsum man eigentlich braucht. Die Zeit, in der die Menschen in den sogenannten Tante-Emma-Läden mit einem überschaubaren Einkaufszettel nur das kauften, was sie für den täglichen Bedarf wirklich benötigten, hat unsere Generation ja schon gar nicht mehr erlebt. In den 50er-Jahren, als unsere Eltern jung waren, war der Konsum noch überschaubar. Als ich das Licht der Welt erblickte, hatten sich längst die Krakenarme der Marketingprofis um die Psyche unserer Mütter und Väter geschlungen und mit geschickten Werbestrategien eine unerschöpfliche Kauflust unnützer Dinge aktiviert. Und auch wenn es heute gemeinhin bekannt ist, wie

Menschen zum Konsum verführt werden, nimmt der Konsum immer noch zu anstatt ab.

Produzieren, konsumieren, Wirtschaft, Wachstum, Wirtschaftswachstum – es ist ein schleichender Prozess, in dem der Bevölkerung vorgegaukelt wird, dass Konsum notwendig für eine gesunde Wirtschaft, für die Gesellschaft, für das eigene Glück ist. Im Alltag sind uns viele tägliche sinnlose Käufe zuweilen nicht einmal mehr bewusst. Ein Snack am Kiosk, ein Coffee to go in der Stadt oder irgendein lustiges, aber vollkommen unnützes Teil, das wir in einem Schaufenster sehen und schnell noch mitnehmen. Täglich geben wir Geld für Dinge aus, die wir nicht brauchen. Eine Zeit ohne diese Art von Konsum hat meine Generation nie erlebt. Unsere Eltern gehören der letzten Generation an, die beides kennt: das Leben nur mit nötigen Dingen für den täglichen Bedarf, bevor das wachsende Wirtschaftswunder in den Jahrzehnten nach dem Zweiten Weltkrieg zu immer mehr Wohlstand führte und schließlich zu jenem explodierenden Konsum, in den wir hineingeboren wurden.

Und plötzlich sorgte fast von heute auf morgen eine Pandemie dafür, dass viele Geschäfte, Restaurants, Kneipen und sämtliche Veranstaltungsorte schlossen und der Konsum schlagartig stoppte. Dass dies für die Betreiber der Geschäfte natürlich mit einem großen wirtschaftlichen Schaden einherging, steht außer Frage. Doch reduziert auf die Frage, was wirklich zum Leben nötig ist, stellte ich fest, dass ich all dies überhaupt nicht dringend zum Leben brauchte. Man muss nicht immer Geld ausgeben. Der ständige Konsum verbessert unser Leben nicht wirklich. Man kann auch einen tollen Tag zusammen verbringen, ohne einen einzigen Euro auszugeben. Das Zusammensein mit Freunden, Gespräche führen, Spaziergänge unternehmen, eine Radtour machen, mit den Hunden spielen – all das kostet kein Geld. Und der Gewinn ist um ein Vielfaches größer als alle Materie, die ich von Geld kaufen könnte. So vieles brauchen wir nicht, das ist ein Fakt.

Die Werbestrategien, deren versteckte Überzeugungskünste in den vergangenen Jahrzehnten immer feiner entwickelt wurden, gaukeln uns aber immer noch mit großem Erfolg vor, dass dieser oder jener Kauf unser Leben bereichert und uns glücklicher macht. Eigentlich wissen wir über diese Strategien längst Bescheid. Und doch fallen wir nach wie vor drauf rein. Und dies wird sich vermutlich auch nicht ändern.

Klar, man muss Geld haben, um die Miete, die Versicherungen und laufenden Kosten zu zahlen. Doch der über den wirklich lebensnotwendigen Bedarf hinausgehende Konsum? Ich habe ihn nicht vermisst. Ganz von selbst gaben wir weniger Geld aus in unserer Familie. Wir fuhren kaum irgendwohin mit dem Auto. Wir kauften viel weniger ein. Ein Taschengeld von 150 Euro, das ich mir vor dem Lockdown in meine Jackentasche gesteckt hatte, war fünf Wochen später immer noch in der Jacke, weil ich einfach nichts gemacht hatte.

STRUKTUR IM TAG

Viel wichtiger als Konsum in solch einer Zeit des Stillstands, in der vielfach ja auch der eigene Job brachliegt, sind Struktur und Ordnung im Alltag. Ich bin sowieso ein sehr ordentlicher Mensch, alles hat bei mir seinen Platz, und auch, wenn meine Familie manchmal Witze über mich macht – Ordnung und Struktur im Alltag sind wirklich wichtig für uns Menschen. Sie helfen, den Alltag sinnvoll zu gestalten, geben ein gutes Gefühl und sorgen dafür, dass alles besser funktioniert. Ein aufgeräumtes Umfeld bewirkt, dass man sich auch in seinem Inneren aufgeräumt fühlt.

Zu einer guten Struktur gehören Tagesroutinen! Was im normalen Alltag bereits gilt, gilt in einer Krise umso mehr. Während der Pandemie haben wir noch mehr darauf geachtet, wirklich zu einer bestimmten Zeit aufzustehen, uns auf den Tag vorzubereiten, gemeinsam zu frühstücken – und auch hier gab es allen Grund, das Schöne dabei vor Augen zu haben: nämlich das sagenhafte Frühlingswetter vergangenes Jahr, das es uns ermöglichte, mit der Familie auf der Terrasse zu frühstücken. Auch die täglichen Spaziergänge mit unseren Hunden Aura und Inca – im Frühling lebte Inca noch – wurden durch das anhaltende sonnige Wetter zu einer wunderbaren Zeit.

Für sämtliche Aufgaben im Haus hatten wir uns einen Tagesplan gemacht, in dem die unterschiedlichen zu erledigenden Hausarbeiten aufgelistet waren. Paul hatte die Aufgabe übernommen, diese Planung aufzustellen, weil er so etwas einfach besser kann als ich. Besprochen haben wir das alles zusammen und uns dann auch wirklich ins Zeug gelegt, diesen Plan, den wir auf einen Wandkalender übertragen hatten, einzuhalten, um dem Leben während des Corona-Stillstands auch wirklich etwas Routine und Struktur zu geben. Wir haben uns am Ende einer Woche auch immer zusammengesetzt und darüber gesprochen, wie die Woche gelaufen ist, wie wir unsere Planung empfunden und umgesetzt haben, was gut funktioniert hat, was verändert werden muss oder ob es eine Idee für etwas Neues gab, das man ausprobieren könnte.

Familienzeit war ein wichtiger Bestandteil unseres Tagesplaners. Durch die viele frei gewordene Zeit haben wir bewusst sehr viel Zeit für uns als Familie reserviert, was wir als großes Geschenk empfunden haben. Genauso wichtig war hingegen auch die persönliche Ich-Zeit für Paul und mich. So hatte Paul am Tag seine zwei Stunden Freizeit, die ihm ganz allein gehörten, und auch ich hatte meine zwei Stunden Ich-Zeit, um zu machen, wozu ich Lust hatte. Dies ist unglaublich wichtig, um ausgeglichen zu bleiben und Spannungen vorzubeugen. Tatsächlich hatte ich zu Beginn des Corona-Lockdowns wirklich Angst davor, dass wir viel streiten würden. Doch weil wir diesen Planer so sorgfältig gepflegt und uns auch immer Rückmeldung über die gelungene oder weniger gut gelungene Umsetzung gegeben haben, kamen wir super miteinander klar und haben nur sehr selten gestritten.

Es ist einfach so, Menschen brauchen im Alltag Struktur. Man kann nicht morgens aufstehen mit dem Gedanken: Hm, was mache ich heute? Klar, manchmal ist es schön, solche Tage zu haben, in denen man faul im Bett liegt und nichts macht. Ein solcher Urlaubs- oder Faulenzertag ist sehr erholsam und sollte ab und zu auf der Agenda stehen. Doch aus dem Gammeln darf keine Routine werden, denn das macht auf Dauer unzufrieden und unglücklich. Menschen, die eine Beschäftigung haben, sind erwiesenermaßen glücklicher. Und wenn eine Krise – wie im vergangenen Jahr die Pandemie – dem Menschen seine tägliche Beschäftigung, zum Beispiel den Job, nimmt, muss er sich neue Tätigkeiten und Routinen erschaffen.

AUFTANKEN IN GARTEN, FELD UND WALD

Ebenfalls von sehr großer Bedeutung ist in herausfordernden Zeiten die Begegnung mit der Natur, über die ich ja schon einiges ganz zu Anfang geschrieben habe. Sehr dankbar war ich deshalb besonders im Frühling und Sommer für meinen schönen Garten. Mir ist bewusst, dass viele Menschen dieses sagenhafte Glück nicht haben, einen eigenen Garten zu besitzen, in dem die Seele aufleben kann. Doch auch wer nicht aus seinem Haus direkt den Fuß in den Garten setzen kann, hat die Möglichkeit, die Natur zu erleben. Ein Besuch im Park, in Feld und Wald steht jedem offen und ist tatsächlich eine erstklassige Medizin für Seele und Wohlbefinden.

Durch den reichen Sonnenschein im Frühling und Sommer habe ich mit meiner Familie sehr viel Zeit im Garten verbracht und mir überlegt, wie ich diese noch sinnvoll gestalten kann. Und so kam uns die Idee, ein kleines Gewächshaus zu bauen, um darin eigene Gewürze und etwas Gemüse großzuziehen. Was für eine Freude war es dann, als die ersten Sprösslinge aus der Erde schauten! Pflänzchen wachsen zu sehen, macht mir so viel Spaß – es gehört zu den kleinen Dingen im Leben, die sich auch ohne großen Geldeinsatz umsetzen lassen. Nach ein paar Wochen dann eine eigene Ernte zu haben, ist ein sehr besonderes Gefühl. Wer auch ein Gemüsegärtchen oder Beet hat, wird wissen, wovon ich hier spreche. Wer es nicht kennt, sei ermuntert, es zumindest einmal auszuprobieren. Ein paar Kräuter, Tomaten und Paprika lassen sich sogar auch auf einem Balkon realisieren, wie ich schon bei Freunden gesehen habe.

Der Stillstand bewirkte auch, dass wir etwas, das wir sowieso immer schon getan haben, nun noch bewusster taten: auf unsere Ernährung und uns selbst achten. Eine gute Ernährung war immer elementarer Bestandteil meines Lebens. Doch gerade in Krisenzeiten vernachlässigen viele Menschen wichtige Dinge wie ihre Ernährung und auch komplett sich selbst. Sicher rührt es auch daher, dass Krisen die Stimmung der Menschen anrühren und nicht selten Depressionen entstehen. Depressive Menschen ernähren sich oft nicht mehr normal. Manche essen viel zu wenig, andere wiederum verfallen in ein Frustfressen und essen andauernd, um ihre niedergeschlagene Stimmung zu kompensieren. Und wieder andere essen überwiegend ungesunde Dinge: Fast Food, Süßigkeiten, Chips. Dabei ist es gerade in schwierigen Zeiten wichtig, auf seine Ernährung zu achten, wenn man nicht in ein tiefes Loch fallen will. Und gerade der Lockdown schenkte den Menschen doch so viel Freiraum, um sich vielleicht wirklich mal ganz bewusst mit der eigenen Ernährung auseinanderzusetzen.

Wir haben in unserer Familie immer schon viel Salat und Obst gegessen und viel Gesundes, das satt macht. Gesund essen fängt natürlich schon beim Einkauf an, wo es uns wichtig ist, frische Lebensmittel wie Gemüse, Salat und Obst im Bioladen zu kaufen, um Pestizide zu vermeiden. Genauso handhabe ich es mit Fleisch. Wir essen sehr wenig Fleisch. Und wenn, dann auch vom Bioladen. Während des vergangenen Jahres, das komplett von der

Pandemie bestimmt wurde, haben wir noch mehr als sonst auf unsere Ernährung geachtet. Für mich selbst kann ich es ganz klar bestätigen: Ich habe im letzten Jahr immer gemerkt, dass mir mein gesundes Essen viel Energie gegeben hat.

Und mehr als das – auch meiner Haut hat die intensivere Ruhe in Verbindung mit der guten Ernährung und dem umfangreicheren Zeitpensum für ausgiebige Pflege wirklich gutgetan. Das Gute war ja, dass die Menschen plötzlich Zeit hatten, sich intensiv um sich selbst zu kümmern. Da ich ja ein recht eitler Geselle bin – doch auch meine Eitelkeit ist während der Pandemie auf ein richtig gesundes Maß geschrumpft, wie ich finde –, habe ich es genossen, meine Haut mit meinen Lieblingspflegeprodukten zu versorgen, gesund zu essen und mir für all das wirklich Zeit zu nehmen. Und tatsächlich merkte ich ganz deutlich: Ich sah morgens beim Aufstehen plötzlich immer viel frischer aus als sonst. Argwöhnisch schaute ich morgens in den Spiegel – und ja, es war wirklich so. Jeden Tag blickte mich mein ausgeruhtes, entspanntes Selbst an. Wie toll ist das! Wenn das mal keine Chance ist, für die wir in dieser Krise dankbar sein sollten.

Auch war ich noch nie so gesund wie in der Zeit des Lockdowns. Ich hatte sonst immer Schnupfen, Heuschnupfen oder Erkältungen. Und jetzt? Ich wachte in dieser Zeit nicht einmal mit Halsweh, verstopfter Nase oder irgendwas anderem auf. Auf einmal fühlte ich mich kerngesund. Ebenso meinem Rücken mit einem länger bestehenden Bandscheibenproblem ging es besser. Ich glaube schon, dass das alles auch mit Stress zu tun hat.

MEIN FOKUS AUF DAS GUTE

Oftmals sind mir während des Lockdowns in der Pandemiezeit aber auch Leute begegnet, die ein schönes Zuhause mit Garten haben, zugleich naturnah leben und im Wald spazieren gehen können und die trotzdem nur jammerten. Sie klagten, weil sie nicht zur Arbeit durften oder Homeoffice machen mussten, obwohl sie nicht einmal existenzbedrohende finanzielle

Einbußen hatten. Sie schimpften über Freiheitsbeschränkungen, weil sie im Supermarkt oder Bus eine Maske tragen mussten, oder sie fühlten sich ihrer Grundrechte beraubt, weil sie nur eine bestimmte Anzahl von Menschen treffen durften. So etwas finde ich beschämend. Waren nicht etwas Geduld, bis die Wissenschaftler etwas mehr über das Virus wissen würden, sowie eine positive Sicht auf die Situation wesentlich hilfreicher?

Ein positiver Blick ist vor allem dann angebracht, wenn man noch ganz gut davonkommt. Wenn man gesund ist, keine existenziellen Schwierigkeiten hat, Familie und Unterstützung vorhanden sind und man nach draußen in die Natur gehen kann. Dann nämlich hat man allen Grund, guter Dinge zu sein. Ich habe während der Pandemie immer den Fokus auf das Gute gerichtet. Ich war dankbar dafür, noch eine Weile finanziell abgesichert zu sein, habe mich gefreut, dass ich glücklicherweise noch ein paar kleine Jobs im Fernsehen mit einem kleinen Kamerateam wahrnehmen konnte. Oder auch ein paar kleine Sachen mit Werbepartnern waren möglich. Das ist doch besser als nichts!

Wenn ich daran denke, wie die Situation vergangenes Jahr in England war, so hatten wir in Deutschland ja wirklich Glück. Die Regelungen zur sozialen Distanz waren in England sehr viel strenger. Ich fand diese Entscheidungen nachvollziehbar und sprach sehr oft mit meiner Mutter darüber, die mit der Zeit ungeduldig wurde und keine Einsicht mehr hatte, den auferlegten Regeln zu folgen. Sie fand es schlimm, eine lange Zeit abgeschottet im Haus zu sein und nicht nach draußen auf die Straße zu dürfen. Es war keine leichte Sache, sie aufzumuntern und sie davon zu überzeugen, dass es vernünftig sei, den Regeln zu folgen, solange noch so vieles rund um das Virus unbekannt sei. Die vielen Todesfälle überall auf der ganzen Welt und die auch nach Monaten immer noch nicht komplett greifbare Komplexität der mit dem Virus einhergehenden Krankheitsbilder waren nach meinem Dafürhalten Grund genug, lieber etwas vorsichtiger zu sein, als unnötige Risiken einzugehen.

Was ich zum Beispiel auch schön fand, waren Nachrichten darüber, dass die Welt wieder atmete, die Gewässer klarer und die Luft besser wurden. Natürlich ist es auch wichtig, die Menschen im Blick zu behalten, die ihre Arbeit verloren haben und in eine wirklich schlimme Lage gekommen sind. Das positive Denken hier könnte lauten: Wie kann ich dazu beitragen, diese Menschen zu unterstützen? Doch nicht nur die Menschen, sondern auch unser Planet wird unsere Hilfe brauchen. Denn das plötzlich mögliche Aufatmen der Welt sollte man auch als ernst zu nehmendes Zeichen dafür werten, dass es höchste Zeit ist, unsere Haltung gegenüber unserer schönen Erde zu überdenken, damit unsere Kinder und Enkel auf ihr auch noch eine glückliche und gesunde Zukunft haben.

AUFRÄUMEN UND AUSMISTEN

Es gibt eine Begleiterscheinung der Corona-Pandemie, die ich als absolutes Highlight bezeichne – und ich bin absolut sicher, dass wirklich jede und jeder andere diese Ansicht teilt. Der riesengroße Haufen gewonnener Zeit war die perfekte Gelegenheit, endlich mal im Haus ganz in Ruhe aufzuräumen und auszumisten. In meiner Aufräumaktion bin ich so richtig aufgegangen und hatte eine wahnsinnige Freude daran. Diese Zeit musste einfach genutzt werden. Wann würde eine solche Gelegenheit wiederkommen? Also ran an die Schränke und Regale!

Große Berge Klamotten sortierte ich aus und fand dabei sogar einige schöne Sachen, von denen ich ganz vergessen hatte, dass ich sie besitze. Diese Schätze zu heben, machte mir richtig Freude. Sowieso machte diese ganze Reise in die Vergangenheit Spaß. Ich genoss es, dass ich grenzenlos Zeit hatte, mich in dieses Stöbern, Sortieren und Aufräumen so richtig hineinfallen zu lassen. Ich liebte es, mich in alte Fotoalben zu versenken und dabei in endlos viele schöne Erinnerungen hinabzusteigen. Wer kennt sie nicht, diese Sprüche: Das muss ich unbedingt mal machen! Dafür müsste ich echt mal Zeit haben! Man müsste echt mehr Zeit haben! Und jetzt plötzlich ging all dies. Ich verlor mich förmlich in der vielen Zeit und erinnere mich beispielsweise, wie ich mich einmal acht Stunden mit einem Spiel beschäftigte, das ich ja immer schon mal machen wollte, doch nie gab es genug Zeit. „Nutze die Zeit!", ermunterte mich Paul. „Geh doch in dein Rossi-Zimmer und spiel, bis es nicht mehr geht!" Und ich hab's gemacht, und es hat mir so gutgetan, es war absolut toll.

Wir nutzten die frei gewordene Zeit auch noch für viele andere Dinge im Haus. In Ruhe strichen wir die Zimmer neu, verlegten Laminat und haben Dinge repariert. Es ist außerdem der Wahnsinn, wie viele Sachen man beim Werkeln und Aufräumen findet, für die man in der Tat keinerlei Verwendung hat. Warum hat man all diese Dinge? Und man kann ja sowieso nichts mit ins Grab nehmen, lautet ein platter Volksspruch – oder doch? Papa würde wahrscheinlich widersprechen, er hat das irdische Leben ja mit einer recht umfangreichen Ausrüstung verlassen …

Das Ausmisten war für mich noch aus einem anderen Grund sehr besonders. Da die Pandemie mein Gefühl für das, was im Leben wirklich wichtig

Ruhe, Aufatmen, Entschleunigung.

ist, intensiviert hatte, war mir auch viel klarer als je zuvor, dass es wahnsinnig viel gab, was ich wirklich nicht brauchte. Und so tat es auf einmal erstaunlich gut, all diese Sachen auszusortieren. Der Platz, der dadurch entstand, tat gut. Es war nicht so, dass ich dachte, ich müsste diesen Platz nun wieder mit etwas anderem füllen. Ich genoss es, freier atmen zu können, und hatte plötzlich eine ganz neue Einstellung zu Dingen. Man hat einfach zu viele Dinge. Zu viele unwichtige Dinge. Jahrelang habe ich an Dingen festgehalten und mich nicht trennen können. Ich war überzeugt, dass alles einen großen emotionalen Wert für mich hat. Und dann auf einmal war es ganz leicht. Ich konnte all diese Sachen loslassen und mich trennen. Ich habe vieles verschenkt und bei eBay verkauft. Und jedes Mal dachte ich darüber nach, wie sich die Leute, die meine Dinge nun bekamen, darüber freuten. Und das war das Schönste überhaupt. Warum sollten denn all die Sachen in einer Box versteckt in einer Ecke meines Zimmers ein tristes Dasein fristen? So war es doch viel besser, wenn sie einem Menschen, der vielleicht nur sehr wenig besitzt, eine Freude bereiteten.

KRITISCH SEIN UND SACHLICH BLEIBEN

Was ich während der Zeit der Pandemie ganz und gar nicht schön fand, war bisweilen der Umgang von Presse, sozialen Medien oder auch manchen Menschen überhaupt mit dem Thema: Verzerrung von Tatsachen, Verschwörungstheorien, unsolidarisches Verhalten, Schuldzuweisungen, Anklagen, Übertreibungen. Kritisch zu sein und etwas zu hinterfragen, dagegen ist überhaupt nichts einzuwenden. Im Gegenteil, so etwas belebt schließlich die Diskussion und bringt uns immer schneller nach vorn. Doch einfach nur Meckern um des Meckerns willen?

Ich habe mir auch immer Gedanken gemacht, ob die Maßnahmen hilfreich sind, und wenn ich zum Beispiel las, hier oder da seien an einem bestimmten Tag wieder 800 Menschen durch das Virus gestorben, wurde ich nachdenklich. Denn wenn man genau hinschaut und sich fragt, sterben jeden Tag Menschen an verschiedensten Krankheiten, bei Unfällen oder durch Suizide. So ist das Leben halt. Zwischendurch dachte ich an die riesige Zahl der Opfer, die die letzte große Grippewelle 2017/2018 in Deutschland gefordert hat. Über 25 000 Tote. Laut Robert Koch-Institut die höchste Zahl seit 30 Jahren. Was ist mit denen? Niemand spricht über sie. Obwohl die Zahl der Corona-Toten dagegen im Zeitraum der ersten Welle im Frühjahr absolut unbedeutend ist. Sollte über diese Relation nicht mehr gesprochen werden? Solche Gedanken mache ich mir natürlich, doch zugleich kann ich viele wissenschaftliche virologische Zusammenhänge überhaupt nicht beurteilen und hüte mich logischerweise, irgendwelchen Unsinn herauszuposaunen. Das fängt direkt bei Schuldzuweisungen an. Wie zum Beispiel der unsachliche Pauschalvorwurf, China sei schuld. Woher weiß man das genau, inwiefern das stimmt?

Was ich China jedoch aus persönlicher Ablehnung vorwerfe, ist der Umgang mit Tieren. Wie Tiere dort behandelt werden und was in China alles auf dem Teller landet, finde ich bedrückend. Wie dort lebende Wildtiere, zum Beispiel Fledermäuse oder Gürteltiere, qualvoll und eng zusammengepfercht auf Lebendtiermärkten die letzten Stunden ihres traurigen Lebens fristen, berührt mich ganz tief in meiner Seele. Andererseits gibt es sicherlich auch kaum eine bessere Keimzelle für Viren- und Bakterienverbreitung als eine solche Marktkultur.

UNSERE ZEITKAPSEL

Egal, ob Krise oder gewöhnlicher Alltag, eines darf nie aufhören: unsere Lust zu träumen und in der Fantasie die Welt in den schönsten Farben zu malen. Ich glaube, meine Natur ist so, dass ich niemals damit aufhören werde. Und so habe ich während der Pandemie mit meiner Familie etwas Wunderschönes gemacht: Wir haben in eine große Tupperdose ganz viele kleine Dinge aus unserem Leben gelegt und diese Dose dann im Wald vergraben. Unsere persönliche Zeitkapsel. Es sind lauter Dinge, die wir mit der Corona-Zeit verbunden haben: zuvorderst natürlich Masken, aber auch gemalte Bilder der Kinder, Briefe, Fotos, bunte Knöpfe, unsere Familie, nachgebaut aus Playmobil, und anderes Spielzeug und viele, viele andere Sachen. Auf einem Zettel haben wir Datum, Zeit und unsere Unterschriften verewigt. Ich stelle mir vor, wie wir in 20 Jahren mit der Familie dort wieder hingehen, die Kiste ausgraben und uns alles anschauen, was wir seinerzeit hineingetan haben. Was für ein Gefühl wird das sein? Mit welchen Augen und mit welchem Herzen werden wir den Inhalt der Kiste betrachten? Das ist wahnsinnig spannend. Auch die Aktion selbst war schon aufregend. Einen ganzen Nachmittag waren wir im Wald damit beschäftigt, unseren Schatz zu vergraben. Und nun freuen wir uns richtig, in vielen Jahren zusammen zu dieser Stelle zurückzukehren – ich hoffe, ich vergesse nicht, wo wir die Kiste verbuddelt haben ... Und sollte zuvor ein anderer Mensch die Kiste finden, ist es auch nicht schlimm. Dann hat er unsere Geschichte, die er weitererzählen kann.

Jeden Morgen, wenn ich aufstehe, wandert mein Blick kurz aus dem Fenster in unseren Wald. Und immer kitzelt es im Bauch, wenn ich denke: Da ist ein Geheimnis von uns vergraben.

BLICK IN DIE ZUKUNFT

Als ich mit diesem Buch begann, befanden wir uns noch mitten in der Pandemie, und ich hatte keine Ahnung, wo wir stehen würden, wenn ihr mein Buch in den Händen haltet und mein Mittendrinsein längst einer neuen Situation gewichen und alles Gefühlte bereits Vergangenheit, Erfahrung und Erinnerung sein würde. Was wird die Pandemie an Veränderung bewirkt haben auf der Welt? Welche Chancen werden wir genutzt oder verpasst haben? Eine leise Ahnung, wie nötig unsere Welt Heilung braucht, haben wir während des Lockdowns bekommen. Auch wenn wir es eigentlich schon vorher wussten.

Der Stillstand des „alten Lebens" führte zugleich zu einem kurzzeitigen Rückgang der schrecklichen Umweltverschmutzung – man konnte förmlich

hören, wie die Welt nach Luft schnappte und dann endlich wieder richtig atmete, als keine Flugzeuge am Himmel und keine Kreuzfahrtschiffe auf den Meeren mehr waren und man nach dem Verschwinden von Smog in Singapur nach Jahren wieder die Sterne am Himmel sehen konnte. Es wurde so unglaublich spürbar, wie wir tagtäglich unsere Welt zerstören. Und ich glaube leider: Wir werden es auch weiter tun. Die Flugzeuge werden wieder fliegen, die mit Menschen vollgestopften riesigen Kreuzfahrtschiffe fahren. Und meine schlimmste Befürchtung: So vielen Menschen ist das auch vollkommen egal. Sie zucken mit den Schultern und argumentieren, dass sie den Kollaps des Planeten sowieso nicht mehr erleben werden. Also, was soll's?

Doch was ist mit unseren Kindern und Enkeln? Und was ist mit allen anderen Mitgeschöpfen, die uns überdauern werden? Kann uns das wirklich egal sein, was mit der Welt passiert? Ich kann es eigentlich kaum glauben, aber es scheint für viele so zu sein: Nahezu 80 Prozent der Menschen werden nach der Pandemie genauso weitermachen wie zuvor. Sie werden konsumieren, Energie verschwenden und Müll durch die Gegend schmeißen wie immer. Ich hoffe aus tiefstem Herzen, dass der 20-Prozent-Rest mit noch mehr Kraft und Energie dafür kämpfen wird, dass sich doch noch alles zum Guten wendet. Ja, ich bin und bleibe ein positiver Mensch und werde weiterhin meinen Beitrag leisten, dass meine Mitmenschen mit einem Lächeln durchs Leben gehen. Und ich werde in meinem kleinen Mikrokosmos unseren Planeten mit Sorgfalt bewandern und meine Mitmenschen ermuntern, dies ebenfalls zu tun.

Die Corona-Krise hat uns auch noch mal deutlich vor Augen geführt, wie viele nachhaltige Veränderungen wirklich wichtig sind. Warum müssen wir so übermäßig viel konsumieren, wenn wir zum Leben und Glücklichsein doch gar nicht so viel brauchen? Warum müssen Nahrungsmittel über den ganzen Planeten geflogen werden, wenn es doch auch möglich ist, Obst und Gemüse vor Ort zu produzieren? Wozu brauche ich im Supermarkt Zwiebeln aus Neuseeland? Wozu Schrottspielzeug aus China? Ist es nicht längst an der Zeit, so etwas ernsthaft zu hinterfragen?

Können Länder wie England und Deutschland denn nicht endlich daraus lernen, wieder viele Sachen für den eigenen Gebrauch selbst zu produzieren und weniger Mist aus China zu importieren? Bis auf exotisches Obst, das es hier nicht gibt, können wir alles selbst herstellen. Und nicht nur selbst, sondern auch besser. Diese fürchterlichen minderwertigen Spielzeuge aus China sind die reinste Verschwendung von Rohstoffen. Das ist für mich nicht akzeptabel. Wenn ich beispielsweise Holzspielzeuge kaufe, dann schaue ich immer, dass ein deutscher Stempel drauf ist. Ich bekomme viele handgemachte Sachen aus dem Erzgebirge geschenkt, richtig gute Spielzeuge, die man mit gutem Gewissen kaufen kann. Man darf sich auch nicht in die Irre führen lassen von der Tatsache, dass diese Spielzeuge ein bisschen teurer sind. Denn sie sind ja schließlich auch von optimaler Qualität. Was nützt mir ein minderwertiges billiges Spielzeug, das sogleich seinen Geist aufgibt? Da ist doch bereits das kleine bezahlte Geld verschwendet. Dann lieber einen angemessenen Preis für ein langlebiges schönes Teil ohne Schadstoffe, mit dessen Kauf ich zudem auch noch mein eigenes Land unterstütze. Ernsthaft, ich will diesen ganzen Schrott aus China nicht haben.

So vieles geistert in diesem Zusammenhang durch meinen Kopf, und meine Gedanken springen vom einen zum anderen. Denn wo ich gerade ans Einkaufen denke, kommt mir das Online-Shopping-Verhalten in den Sinn, das sich während der Pandemie ebenfalls änderte. Einige Menschen lernten während des Lockdowns zum ersten Mal Online-Shopping kennen. Was sie vorher möglicherweise abgelehnt hatten, wurde nun Bestandteil ihres Lebens. Ob das für unsere Welt von Vorteil oder von Nachteil ist, bleibt abzuwarten. Natürlich ist es einerseits praktisch und zeitsparend, Einkäufe nach Hause liefern zu lassen. Und für Menschen, die nicht gut zu Fuß sind, ist die Möglichkeit, im Internet einzukaufen, sicher eine große Erleichterung. Auf der anderen Seite jedoch entsteht viel Verpackungsmüll, und was ich noch schlimmer finde: Der Einzelhandel in den Innenstädten stirbt, und mit ihm der Charme der Städte und das gesamte Stadtleben.

Genauso habe ich mir schon Gedanken über das coronabedingte Homeoffice gemacht. Auch hier gibt es natürlich die zwei Seiten der Medaille. Gut ist sicherlich, dass durch das Homeoffice der Autoverkehr reduziert werden kann, wenn Menschen mit Bürotätigkeit kaum noch eine Arbeitsstätte aufsuchen müssen. Weniger gut könnte die Isolation den Menschen bekommen. Gab es zuvor noch Austausch mit Kollegen, so fällt diese menschliche Komponente nun weg. Sicher mag von Arbeitgeberseite nun das Argument kommen, dass Mitarbeiter sich ohne den Einfluss von Kollegen mehr und besser auf ihre Arbeit konzentrieren können. Das kann jedoch auch ein Trugschluss sein, denn der Austausch mit Kollegen birgt auch das Potenzial, die Mitarbeiterleistung zu beleben und für Zufriedenheit zu sorgen. Schließlich ist der Mensch ein soziales Wesen.

Im vergangenen Jahr bin ich vielen Menschen begegnet, die immer wieder die Frage stellten:

Wie wird es wohl sein, wenn alles wieder normal ist?

Wenn ich ganz ehrlich bin, ich möchte nicht, dass alles wieder normal wird. Es muss sich vieles ändern. Und wenn wir an die Zukunft denken, müs-

CORONA IST WIE EIN SIGNAL, DAS DIE LEUTE WARNT UND WACHRÜTTELT, WEIL SIE ETWAS ÄNDERN MÜSSEN.

sen sich die Menschen auch endlich darüber bewusst werden, dass wir alle im selben Boot sitzen. Was immer auch geschieht oder entschieden wird, es betrifft alle, und es funktioniert letztlich nur, wenn wir uns auch alle gemeinsam auf der ganzen Welt den Aufgaben stellen.

Als ich dieses Buch schrieb – mitten in der Corona-Pandemie –, waren schon viele Menschen auf der ganzen Welt im Zusammenhang mit dem Virus gestorben. Und es war klar, dass noch weitere Menschen sterben würden. Vielleicht eine ganze Generation? Doch letztlich weiß ich es nicht.

Die Ungewissheit rund um die Virusfakten ist natürlich ein idealer Türöffner für Leichtsinn oder Verschwörungstheorien. Manche Menschen wiegeln das Ganze ab.

Ach, so schlimm ist es doch nicht. Mir passiert schon nichts.

Oder:

Ich kenne keinen Einzigen in meinem Bekanntenkreis, der Corona hat.

Oder sie erfinden Fakten, um Erklärungen für Unerklärliches zu haben. Denn dies ist eine menschliche Eigenschaft. Menschen wollen Dinge verstehen. Und so fantasieren sie sich ihre Fakten zusammen, was nicht selten gefährlich enden kann: Am Anfang einer Verschwörung wird ein Schuldiger auserkoren, der die ganze Krise angeblich verursacht hat. Die Wissenschaft wird ebenfalls an den Pranger gestellt, da sie ja immer wieder was anderes erzählt und somit für die Menschen nicht mehr glaubwürdig wirkt. Es ist so schade, dass viel zu viele Menschen gar nicht erkennen, dass Wissenschaft auf ihrem Weg zum Wissen in ganz viele Sackgassen vordringt, die in die Irre führen. Genau dies ist doch Wissenschaft: forschen, untersuchen, testen, Schlüsse ziehen, neue Erkenntnisse gewinnen, Vorheriges verwerfen, wieder einen Schritt weiter sein, manchmal auch einen zurück – es ist ein kontinuierlicher Prozess. Und weil sich beim wissenschaftlichen Forschen und Arbeiten Situationen immer wieder verändern und neue Erkenntnisse dann an die Vertreter der Politik kommuniziert werden, gibt es auch dort immer wieder neue Entscheidungen und Wege. Das hat nichts mit Inkompetenz zu tun, und es dreht auch niemand sein Fähnchen nach dem Winde, sondern es ist ein klares Zeichen von Fortschritt und Erkenntnisgewinn. Wie froh wäre ich doch, wenn mehr Menschen ganz einfach nur dieser Punkt bewusst wäre! Dazu müssen die Menschen das jeweilige Fachwissen ja nicht einmal kennen und besitzen. Sie müssen lediglich wissen, dass so die Zusammenarbeit zwischen Forschung, Wissenschaft und Politik funktioniert. Und sie müssen vertrauen.

Dass durch die andauernde Greifbarkeit der Corona-Pandemie und die in den Kinderschuhen steckende Entwicklung von Impfung und Medikation Menschen zerrissen sind bezüglich gesteckter Maßnahmen und Regeln, ist natürlich verständlich. Auch ich kann ja überhaupt nicht sagen, ob all die beschlossenen Maßnahmen wirklich Sinn machen und in welchem Verhältnis der Nutzen des Ganzen zu sicherlich zahlreichen Kollateralschäden steht. Dies weiß ich ganz einfach nicht. Und weil ich es nicht weiß, bleibe ich lieber defensiv und halte mich an die Schutzmaßnahmen. Ich verstehe die vielen Menschen nicht, die Demos besuchen und gegen die Maßnahmen auf die Barrikaden gehen, weil sie sich ihrer Freiheit beraubt fühlen durch unzumutbare Regeln. Wie beschämend dies doch ist angesichts der Tatsache, dass es uns seit Beginn der Pandemie zu keinem Zeitpunkt wirklich schlecht ergangen ist.

Als im vergangenen Sommer nach Wochen strenger Distanzregeln die Menschen wieder raus aus ihren Häusern durften, war ich skeptisch und bat meine Mutter, weiterhin vorsichtig zu sein und so wenig wie möglich das Haus zu verlassen. Natürlich konnte ich verstehen, dass sie sich sogleich mit ihrer Freundin zum Golfen verabredete. Sie war unglaublich ungeduldig und beharrte darauf, aus dem Haus zu müssen, da es inzwischen für sie zu Hause nichts mehr zu tun gäbe. Und doch bat ich sie ganz eindringlich, Maske und Handschuhe zu nutzen und auch immer an genügend Abstand zu denken. All das ist beim Golfen ja überhaupt kein Problem. Was ich aber nicht wollte, waren Supermarktbesuche, wo sich viele Menschen tummelten, Distanz kaum möglich war und jeder alles anfasste. Meine Mutter hatte ja Unterstützung von Freunden, die für sie einkauften. Es sprach doch nichts dagegen, diese Hilfe einfach noch ein paar Wochen anzunehmen. Sie hatte zudem kein schlechtes Leben in ihrem Zuhause. Sie verbrachte den Lockdown in ihrem schönen Haus mit tollem Garten – die ideale Voraussetzung, eine solche Krise ausgeglichen zu überstehen.

Es macht Sinn, im Leben die positiven Dinge zu sehen. Dies habe ich immer getan, und ich werde es weiter tun. Wir müssen aus Krisen und herausfordernden Lebensphasen doch irgendetwas Positives mitnehmen. Und wenn wir zu denen gehören, die eine Pandemie mit Todesopfern lebendig überstanden haben, dann müssen wir doch dankbar sein und nach vorn schauen. Ja, es ist furchtbar, dass viele Menschen gestorben sind. Doch ich freue mich lieber über diejenigen, die diese Zeit überlebt haben. Und darüber, wie grün alles im letzten Frühjahr plötzlich wurde, wie kraftvoll die Natur sich zeigte und wie klar und stark die Farben waren. Einfach schön.

Ich glaube, alles im Leben hat einen Grund. Das Virus stelle ich mir manchmal als Signal vor, um die Leute zu warnen und wachzurütteln, dass

sie etwas ändern müssen. Und ich glaube wirklich, dass wir auch zu viele Menschen hier auf der Welt sind. Es hört sich vielleicht grausam an, doch kann man sich tatsächlich vorstellen, dass das Virus ganz einfach einige von uns weggenommen hat. Die Natur muss sich wehren. Das ist wie bei einem Tsunami oder anderen naturgewaltigen Ereignissen.

Es gibt schöne Bilder, die zeigen, wie die Natur sich Plätze zurückerobert hat, alte Stätten, die nicht mehr bewohnt werden und die die Natur wieder an sich genommen hat. Es gibt Bilder von Straßen, in denen Autos stehen, aber alles mit Pflanzen zugewuchert ist. Es gibt richtige Geisterstädte. Oder Vergnügungsparks in Russland, die seit 40 oder 50 Jahren nicht mehr geöffnet haben. Alles ist verrostet dort, mit Moos bedeckt sind die Geräte. Manchmal werde ich nachdenklich, weil wir ja auch irgendwann nicht mehr hier sein werden. Und eigentlich geht das ja sogar ganz schnell. Bisweilen denke ich sehr intensiv über so was nach. Dann denke ich wieder an meinen Papa, den es nun schon über drei Jahre nicht mehr gibt. Er ist einfach weg. Mitsamt Leib und Seele. Meine Mutter sagt immer, seine Seele lebt weiter. Manchmal stimme ich ihr zu und fühle selbst, was sie beschreibt. Aber dann auf einmal denke ich: Nein, ich glaube, er ist einfach weg. Wie viele andere Verwandte ebenso. Als ich den Sarg mit meinem Papa sah, da war er auch schon weg. Das war irgendwie nicht mehr sein Körper. Er sah so anders aus.

Ich denke sehr viel an ihn. Und meine Mutter sagt immer, ein Teil von Papa würde in mir weiterleben, weil ich über vieles so ähnlich denke wie mein Papa. Doch hier so mit ihm sitzen, in der Sonne, und mit ihm sprechen, das kann ich nicht mehr. Und irgendwann ist man selbst auch weg. Man ist einfach nicht mehr da. Und das war's dann, und so ist es halt. Das Einzige, was ich hoffe, ist, dass ich auf meinem Weg wirklich viele Leute glücklich machen konnte. Das wünsche ich mir sehr.

Je älter man wird, umso mehr denkt man über solche Dinge nach. An die Lieben, die man schon verloren hat. Und daran, wann man wohl selbst aus dem Leben fällt. Und dass dies hoffentlich nicht zu früh ist und ich meine Kinder aufwachsen sehen darf.

Ich weiß, ich übertreibe wahrscheinlich, doch immer, wenn ich irgendwohin fliege, denke ich, dass das Flugzeug abstürzen wird und ich sterben werde. Auch wenn Fliegen viel sicherer ist als alles andere. Das einzig Dumme beim Fliegen: Es trifft viele Menschen auf einmal, wenn man abstürzt.

Ich werde nie diesen schlimmen Absturz der Air-France-Maschine 2009 vergessen. Ich besitze noch immer das Stern-Magazin, in dem sie alle Leute aufgelistet haben, mit Fotos jeder einzelnen Person, die an Bord war. 228 Menschen. Mein Gott, und die meisten Leute waren so jung! Sie sind alle weg. Und niemand wurde gefunden. Nur ein paar Wrackteile. Alle Leute – einfach weg. Ich hoffe so sehr, dass die Leute beim Sturz schnell ohnmächtig wurden und nicht so ein furchtbares Leid erlebten. Die Maschine ist ja überhaupt nicht explodiert. Ich erinnere mich, dass die Blackbox gefunden wurde. Die Vorstellung, dass lebendige Menschen aufs Wasser prallen und was dann passiert, ist unglaublich quälend.

Was ich auch nie vergessen werde, ist der Absturz des Crossair-Fluges von Zürich 2001, bei dem auch die junge Popsängerin Melanie Thornton mit zwei ihrer Tänzer, ihrem Tourmanager und ihrem Tourtechniker ums Leben gekommen ist. Bei diesem Flug war auch ein früherer Fahrer von mir an Bord. Er erzählte, wie es beim Landeanflug in Zürich einen riesigen Lärm gab und die Maschine auseinanderkrachte. Er hatte das alles gesehen. Das Nächste, an das er sich erinnern konnte, war, dass er im Schnee lag. Im kalten Schnee, und trotzdem dachte er: Warum brennt mein Körper? Er wusste in diesem Augenblick nicht, dass es die schlimmen Verbrennungen waren, die er von der schweren Explosion hatte. Er wusste nicht, dass der kühlende Schnee in diesem Augenblick sein Lebensretter war. Ohne den Schnee wäre auch er gestorben. Er lag dort nackt im kalten Schnee, denn seine Kleidung war ihm am Leib verbrannt. Er hatte so ein Glück. Die ganze Sitzreihe vor ihm: Sie sind alle gestorben. Er hatte zuerst genau dahinter mit einer Sängerin der Girlband Passion Fruit gesessen. Und sie und er hatten sich weiter nach hinten gesetzt, weil es dort ruhiger war. Die anderen zwei Passion-Fruit-Mitglieder blieben sitzen. Sie starben. Die zwei, die hinten saßen, überlebten den Flug.

Ich weiß nicht, warum sich zuweilen solche Ereignisse in meine Gedanken schleichen, aber sie tun es. Auch wenn es mich ab und an richtig greifen und schütteln kann, hat dieses sehr emotionale Durchdenken solcher Erinnerungen etwas Gutes. Es führt vor Augen, wie schnell das Leben vorbei sein kann. In dem einen Augenblick stehen wir möglicherweise auf irgendeiner Bühne des Lebens und genießen unser Menschsein und Glück in welcher Form auch immer, und nur ein paar Augenblicke später reißt ein Unfall uns aus dem Leben. Vorbei. Doch auch wenn nichts Unerwartetes uns entwurzelt – das Leben ist ohnehin kurz. Und all meine Reflexionen über diese Dinge führen immer wieder neu zu der Erkenntnis: Das Leben ist kurz. Wir sollten das nie vergessen und jeden Augenblick dankbar genießen.

Meine Mutter sagt immer: Ross, die Zeit rennt so unglaublich schnell. Sie sagte dies auch schon, als ich noch ein Kind war, doch damals konnte ich nicht fühlen, was sie meint. Heute fühle ich diese Geschwindigkeit auch, mit der die Zeitkörner durch die Sanduhr rasseln. Ich kann mich noch so klar erinnern, als meine Mutter so alt war wie ich jetzt. Und jetzt ist diese Zeit schon vorbei. So schnell.

Ich sage es noch einmal: Das Leben ist kurz! Macht etwas aus eurem Leben, nutzt eure Möglichkeiten, gestaltet etwas Schönes und tanzt durchs Leben. Und macht euch bewusst, dass es ein wunderbares Geschenk ist. Ich genieße die Zeit, wenn ich für Menschen singen darf, wenn ich Freunde treffe, aber auch die Ich-Zeit im Rossi-Zimmer, das Zusammensein mit meiner Familie oder auch, wenn ich ganz für mich einfach nur einen Augenblick im Garten sitze. Ich genieße jeden Moment in der Natur, jedes Insekt, das über den Weg läuft, Aura beim Spaziergang, meine Fische, meine Kaulquappen auf ihrer Entwicklungsreise zum Frosch. Und auch wenn ich nur im Auto sitze, weil Paul mich zu einem Termin fährt, dann schaue ich aus dem Fenster und sehe mir die Gegend an, jedes Detail, alles, was vorüberzieht, während wir fahren, die sich ändernde Landschaft, Felder, Ortschaften, den Himmel, Vögel, ein Stück Wald, einige Pferde und Kühe. Ich schau mir das alles an und versinke tief darin. Solche Momente sind wunderschön. Im Augenblick sein. Das berühmte Hier und Jetzt.

Wir brauchen wieder mehr Leute, die so etwas auch sehen und fühlen können. So vielen ist der Zugang zu sich selbst und zu allem, was uns umgibt, verloren gegangen. Sicher hat dies auch damit zu tun, wie sich die Welt verändert hat. Als ich Kind war, hatte ich keinen Computer, es gab keine Handys, es gab keinen Zeitdruck und auch keinen sozialen Druck – höher, schneller, weiter und gut aussehen auf Instagram ... Ich konnte mit Hochwasser-Jeans und einem schmutzigen T-Shirt nach draußen gehen, und keiner hat was gesagt. Heute ist das undenkbar. Schon 15-Jährige sind alle topgestylt, die meisten Mädchen sind stark geschminkt, haben ganz früh Piercings oder Tattoos, oft am ganzen Körper, und sammeln Likes auf der Rennstrecke aus Mode, Mitläufertum und Makellosigkeit.

Oder sie laufen mit gesenktem Blick und krummem Rücken durch die Stadt, weil sie gebannt auf ihr Handy starren. Immer und überall. Wenn wir früher mit der Familie zu einem gemeinsamen Essen zusammentrafen, dann haben wir miteinander geredet und uns dabei in die Augen geschaut. Wir müssen wieder mehr miteinander reden. Und uns dabei auch zuhören. Wir müssen uns wieder begegnen, lebendig und echt. Und uns dabei auch öfter ein Lächeln schenken. Ein richtig echtes Lächeln, das glänzt und glitzert ...

12 CORONA UND DIE INNERE EINKEHR

30 FRAGEN AN ROSS

1. Für welche drei Dinge im Leben bist du am dankbarsten?

2019 hätte ich die Frage ganz anders beantwortet, aber ich glaube, ich bin heute sehr dankbar für Toilettenpapier, Mehl und meine Familie. Meine Familie gibt mir unendlich viel Liebe und Unterstützung – ohne sie wäre ich nichts.

2. Was war deine beste Entscheidung in deiner Karriere?

Nie meine Träume aufzugeben! Ich wollte immer Popstar werden und musste andere Wege gehen, bis ich diese Chance für die Erfüllung meines Traums bekam. Ich war Musicaldarsteller und habe studiert. Und dann kam diese Gelegenheit des Popstar-Castings, die ich genutzt habe. Ich hatte vorher viele CDs an Plattenfirmen geschickt, in der Hoffnung, dass die mit mir was anfangen können, aber bekam nur Absagen. Als ich das Casting gewann und Teil von Bro'Sis wurde, hatten wir fünf Jahre lang einen Megaerfolg. Das war ein entscheidender Moment in meinem Leben. Der wichtigste Augenblick in meiner Karriere war, als Paul mir einen Heiratsantrag gemacht hat. Ich glaube, das war das schönste Geschenk, das ich je in meinem Leben bekommen habe. Da stand ich auf der Musicalbühne in Stuttgart bei *Elisabeth*, und er kam auf die Bühne, während das Publikum noch da war, ging auf die Knie und fragte mich, ob ich ihn heiraten wolle. Ich war das erste Mal in meinem Leben sprachlos, und das soll was heißen, denn ich kann immer reden. Und das Lustigste war, zwei Damen in der ersten Reihe riefen: „Sag endlich ja, wir wollen nach Hause gehen!"

3. Stell dir vor: Eine Sache darfst du auf der Welt verändern – was wäre es?

Menschen dahingehend positiv zu beeinflussen, dass sie mit weniger leben können. Weniger Flugzeuge, weniger Autos, weniger Dreck, weniger Essen – zurück zu den Wurzeln und mehr aufpassen, was wir mit unserer Welt machen, und viel achtsamer werden.

4. Was ist für dich der Schlüssel zum Glücklichsein?
Dankbarkeit! Ich bin dankbar dafür, morgens zu erwachen und noch da zu sein. Ich habe den tollsten Mann an meiner Seite, die tollste Familie, die tollsten Freunde, mache meinen Job aus Leidenschaft – all das ist Glück und macht mich dankbar!

5. Welchen Traum möchtest du gerne noch verwirklichen?
Einer meiner Träume ist, irgendwann ans Meer zu ziehen; mit meiner Familie oder mit Paul, weil die Kinder ja groß werden, und dann auf einem Bauernhof zu leben mit unterschiedlichen Tieren um uns herum … Da wäre ich richtig glücklich. Weitere Träume: Reisen zu den Galapagosinseln, nach Kanada oder mit dem Zug durch die Rocky Mountains fahren.

6. Auf was könntest du niemals verzichten?
Auf Schokolade, meinen Pyjama und meine warmen selbst gestrickten Wollsocken.

7. Was war früher dein liebstes Schulfach?
Biologie. Ich habe Teile an meinem Körper entdeckt, von denen ich nie gedacht habe, dass es sie gibt. Und natürlich Drama-/Schauspielunterricht, weil ich es immer fantastisch fand, als Mensch in eine andere Rolle zu schlüpfen.

8. Du hast drei Wünsche frei – welche würdest du nennen?
Das ist ganz einfach. Ich würde einfach wünschen, dass ich immer wieder drei neue Wünsche bekomme, wenn die ersten drei weg sind. Nee, eigentlich bin ich wunschlos glücklich. Was ich dennoch wünsche: dass meine Familie und Freunde nie eine schreckliche Krankheit bekommen. Also: Immer drei neue Wünsche, gesund bleiben und lange leben – das wünsche ich mir.

9. Wovor hast du am meisten Angst?
Ich habe Angst davor, irgendwann zu sterben. Ich möchte meine Familie nicht allein lassen, denn ich will immer wissen, dass es meiner Familie gut geht. Und ich liebe und genieße das Leben ja auch so sehr und bin jeden Tag dankbar dafür, dass ich noch dabei sein darf.

10. An welchen schlimmen Jugendstreich erinnerst du dich?
Ich habe gerne Lehrer in der Schule mit Böllern erschreckt.

11. Was ist dein Lieblingslied und warum?
Ich wollte nie erwachsen sein von Peter Maffay, also von Tabaluga. Es verkörpert wirklich, wie ich bin. Ich möchte immer Kind bleiben. Ich möchte nicht alt werden. Ich möchte immer kindisch sein, immer jung und frisch rüberkommen.

12. Mit welchen drei Worten würdest du dich beschreiben?
Perfektionistisch, nervig, lustig! Ja!

13. Was machst du als Erstes nach dem Aufstehen?
Aufs Klo gehen. Und ich gucke auch erst mal auf meine Beine, ob die geschwollen sind – wir werden ja auch immer älter …

14. Was ist dein Lieblingsessen?
Wiener Schnitzel mit Kartoffelpüree und Möhren mit einem Glas süßem Weißwein.

15. Wie alt möchtest du werden?
Ich möchte schon gerne alt werden, aber ich möchte auch gesund sein. Ich glaube, ein gutes Alter wäre um die 85/86. Wenn ich das hinkriege, bin ich ganz glücklich.

16. Welches ist das peinlichste Erlebnis, an das du dich erinnerst?
Es war bei einem unserer letzten Bro'Sis-Konzerte. Wir waren einen Monat unterwegs und ich war überzeugt, meine Koffer richtig gepackt zu haben. Hatte ich aber leider nicht. So hatte ich beim letzten Auftritt keine Unterwäsche an und trug eine wunderschöne weiße Jeans. Dann machten wir eine Verbeugung und meine Hose ist so richtig geplatzt. Tausende von Leuten im Publikum konnten meinen Po sehen und haben sich natürlich sehr amüsiert.

17. Welche drei Dinge nimmst du mit auf eine einsame Insel?
Meine Mutter, weil sie super kochen kann. Und sie kann aus nichts was zaubern. Meine Familie natürlich. Und Strom. Oder ein Huhn, dann hat man Eier.

18. Was bedeutet dir Spiritualität?
Äh – ich hab gerade gedacht, es geht um Alkohol …

19. Was darf im Kühlschrank nicht fehlen?
Meine gekühlten Augenpads. Es gibt nichts Schöneres, als abends vor dem Fernseher zu sitzen und zwischendurch die Augen zu kühlen, damit sie nicht so geschwollen sind.

20. Welche Eigenschaft schätzt du bei anderen Menschen am meisten?
Geduld, Bescheidenheit, Respekt, zuhören können.

21. Welches deutsche Wort findest du am lustigsten?
Streichholzschächtelchen.

22. Welches ist dein Lieblingsbuch?
Die kleine Raupe Nimmersatt.

23. Im nächsten Leben wirst du ein Tier – welches?
Ein Wal – dann kann ich richtig tief in den Ozean eintauchen und Sachen entdecken, die wir als Menschen nie sehen werden.

24. Über welches Kompliment in deinem Leben hast du dich am meisten gefreut?
Als jemand mich zehn Jahre jünger einschätzte, als ich eigentlich bin – schade, dass es dunkel war. ;-))

25. Was wäre für dich der schlimmste Beruf?
Bäcker – sie stehen so früh auf! Das wäre für mich eine Katastrophe.

26. Welcher Film bringt dich immer wieder zum Lachen?
Liar Liar (Der Dummschwätzer) von Jim Carrey – und vor allem auch die Outtakes.

27. Welcher Film bringt dich zum Weinen?
Beaches (Freundinnen) mit Bette Midler.

28. Welcher Songtitel beschreibt dein Leben am besten?
I will survive von Gloria Gaynor. Weil ich immer ein Kämpfer bin. Schon als Kind habe ich alles für meine Träume und Ziele gegeben. Es steckt einfach in mir drin. Ich habe immer gekämpft für all das, was ich in meinem Leben erreicht habe.

29. Welche schlechte Angewohnheit hast du?
Bei Paul und meiner Familie Pickel auszudrücken.

30. Wenn du einem Kind einen Rat für sein Leben mitgeben könntest, welcher wäre das?
Folge deinen Träumen, hab Ziele, sorge dafür, dass du glücklich bist, erkenne und anerkenne, dass das Leben aus Höhen und Tiefen besteht, und begegne allem mit einem Lächeln.

DANKE!

Es gibt so viele Menschen, denen ich sowohl mit Blick in die Vergangenheit als auch ins Hier und Jetzt von Herzen danken möchte. Wirklich alle zu nennen, würde vermutlich ein weiteres Buch ergeben – daher nenne ich nachfolgend nur eine kleine Auswahl und wünsche mir, dass sich die Nichtgenannten dennoch meiner Wertschätzung und Verbundenheit bewusst sind.

Vielen Dank, Paul, dass du vor vielen Jahren als der beste Ehemann und Freund in mein Leben gekommen bist, von dem ich nur träumen konnte. Deine Liebe, Geduld und Hingabe sind einfach bemerkenswert. Es gibt keinen Zweifel: All das Gute, das du tust, macht auch mich unweigerlich zu einem besseren Menschen. Mit dir eröffnen sich täglich so viele Möglichkeiten – ich bin gesegnet, dich an meiner Seite zu haben.

Danke, Mama, dass du es immer verstanden hast, meine Sätze zu beenden, wenn ich keine Worte hatte. Du warst und bist mir Fels und Führung durch alles, was ich im Leben erreicht habe und auch heute noch erschaffen darf.

In den Jahren meiner Karriere habe ich nur sehr wenige Menschen getroffen, die ihr Management zugleich als ihren besten Freund bezeichnen, doch in meinem Fall ist dies tatsächlich wahr. Vielen Dank, Romy, dass du dich all der Höhen und Tiefen meines Lebens mit so viel Power und Überzeugung angenommen hast.

Euch allen, die ihr stolz darauf seid, wenn ich euch „meine Fans" nenne: Danke, dass ihr immer an mich glaubt! Ihr seid meine Schutzengel, und ich liebe euch alle sehr.

Lisa Duhme, ich danke dir, dass du nicht nur Stunden meines wirren Geplappers ausgehalten, sondern daraus auch ein Meisterwerk mit Feinschliff geschaffen hast. Dein Feeling für die Details zwischen den Worten ist einmalig und dein Enthusiasmus, meine Geschichte zu erzählen, hat mich überwältigt – doch, du bist wahrlich bemerkenswert. Danke, Lisa!

Ich danke Stephan Strauß, der bei der Erschaffung meines Buchs gekonnt die Fäden in der Hand hielt und perfekt dafür sorgte, dass all die vielen komplexen Schritte geschmeidig ineinandergreifen konnten. Danke, Stephan, dass du der Schlüssel zur Buchentwicklung warst.

Mein Dank geht auch an den ZS Verlag – eure Begeisterung für mich als Menschen und für das Buch war von Anfang an sehr inspirierend. Ihr seid ein fantastisches Team, mit dem ich gerne zusammengearbeitet habe.

Auch Jürgen Brandt danke ich dafür, dass er alles möglich machte und den Weg für ein aufregendes neues Abenteuer geebnet hat.

Schlussendlich geht natürlich ein besonderer Dank an meinen Papa, der wahrscheinlich irgendwo da oben in einem gemütlichen Wolkensessel sitzt und mein Buch liest. Danke, Papa, dass du mich mein Leben lang inspiriert hast und mich lehrtest, immer das Beste in allem und jedem zu sehen. All mein Optimismus und Humor kommen von dir. Und alle wunderbaren Jahre, die wir zusammen erleben durften, bleiben für immer als wertvoller Schatz in meinem Herzen. Danke!

Andrea Kiewel
Meist sonnig
Eine Liebeserklärung an das Leben

256 Seiten | Klappenbroschur
Mit zahlreichen privaten Fotos
€ 18,95 (D) / € 19,50 (A)
ISBN: 978-3-95910-304-6
Auch als E-Book erhältlich

Immer wenn Kiwi ins Spiel kommt, wird's ein bisschen heller in der Welt.
SAT.1 Frühstücksfernsehen

2020 hat uns viel abverlangt. Auch die beliebte TV-Moderatorin Andrea Kiewel hat die Zeit genutzt, um sich auf die wirklich wichtigen Dinge im Leben zurückzubesinnen. »Kiwi«, bekannt als stets gut gelaunte, farbenfrohe Moderatorin des »ZDF Fernsehgarten«, hat sich Gedanken gemacht über die Phänomene unserer Tage, die Zeit an sich und ihre persönlichen Prioritäten. Mal kritisch, mal humorvoll blickt Andrea Kiewel auf ihre Kindheit und Jugend in der DDR, ihre Anfänge im Fernsehgeschäft und ihre Arbeit für den ZDF-Dauerbrenner »Fernsehgarten«.
Auch gewährt sie sehr persönliche Einblicke in ihre Einstellung zu aktuellen Geschehnissen, der Schnelllebigkeit von Social-Media-Inszenierungen und den Tücken moderner Kommunikation. Kurzweilig erzählt sie von ihrer Liebe zu Hunden und Büchern, von Ängsten und Freiheiten und ihr Leben in Tel Aviv – und davon, wie es ihr gelingt, auch in Krisenzeiten mit Optimismus und Leichtigkeit durchs Leben zu gehen. Ein Buch über die Kurven des Lebens und den Zauber neuer Anfänge.

IMPRESSUM

© 2021 ZS Verlag GmbH
Kaiserstraße 14 b
D-80801 München

ISBN 978-3-96584-091-1
1. Auflage 2021

Projektleitung & Produktion: 31Media GmbH, Stephan Strauß
Texte: Satzfabrik | Lisa Duhme & Ross Antony
Redaktionelle Mitarbeit: Kathrin Mayr
Korrektorat: Anja Koeseling
Grafisches Konzept, Layout, Satz: Bianca Domula, affaire populaire
Coverbild: André Weimar
Herstellung: Frank Jansen
Producing: Jan Russok
Druck & Bindung: CPI books, Leck

Bildnachweis
S. 136: Marcus Brandt/ddp
S. 147: BREUELBILD/ZIEMENS/ddp
alle anderen Bilder: privat

ZS – Ein Verlag der Edel Verlagsgruppe
www.zsverlag.de | www.facebook.com/zsverlag

Alle Rechte vorbehalten. All rights reserved.
Das Werk darf – auch teilweise – nur mit Genehmigung
des Verlags wiedergegeben werden.